でるとこだけの

SPI

CONTENTS

もくじ

SPI 試験に関する基礎知識

SPI試験とは

「SPI（Synthetic Personality Inventory）」とは、「能力検査と性格検査を合わせ持った、高度な個人の資質を総合的に把握する検査」です。採用・人事の判断材料として、数多くの企業が取り入れています。学生にとっては就職試験の際に行われる検査の代名詞となっています。

SPI は 2013 年1月以降、テストセンターなどから「SPI3」へと移行しています。

SPI3の種類

【テストセンター／ Web テスティング／インハウス（能力検査＋性格検査）】

名称	検査対象	検査内容	能力検査	性格検査
SPI3-U	4大生	言語・非言語	35分	30分
SPI3-G	社会人	言語・非言語	35分	30分
SPI3-H	高校生	言語・非言語	35分	30分
SPI3-UE	4大生	言語・非言語・英語	55分	30分
SPI3-GE	企業人	言語・非言語・英語	55分	30分

【ペーパーテスティング（能力検査＋性格検査）】

名称	検査対象	検査内容	能力検査	性格検査
SPI3-U	4大生	言語・非言語	70分	40分
SPI3-A	4大生	言語・非言語	50分	40分
SPI3-B	4大生	言語・非言語・数的処理	90分	40分
SPI3-G	社会人	言語・非言語	70分	40分
SPI3-H	高校生	言語・非言語	70分	40分
SPI3-R（※）	4大・短大	事務処理能力	57分	40分
SPI3-N（※）	短大・高校生	計算・事務処理能力	31分	40分

（※）誤謬率の計算が行われる。

SPI3の能力検査の内容

【テストセンター U 版】

種類	検査内容	時間
言語	2語の関係、文章整序など	合計35分
非言語	推理、確率、速さなど	

テストセンターの能力検査では問題数は決まっておらず、35 分間に言語・非言語の問題が次々に出題されます。速く解答した学生には多くの問題が出題され、正解・不正解によってその後に出題される問題の難易度が異なるのも特徴です。

【ペーパーテスティング U 版】

検査	種類	検査内容	問題数	時間
検査Ⅰ	言語	2語の関係、長文など	40問	30分
検査Ⅱ	非言語	表からの計算、推理など	30問	40分

検査結果

能力検査の採点結果をもとに、総合・言語・非言語別に「標準得点」「段階」「総合順位」が決められます。

総合得点

いわゆる偏差値計算。最も多くの学生が取る点数（平均点）を 50 として、点数化されます。

段階

標準得点を7段階に区分けして表示されます。

総合順位

同時に受けた中での順位が表示されます。

【SPI 得点分布と段階対応表】

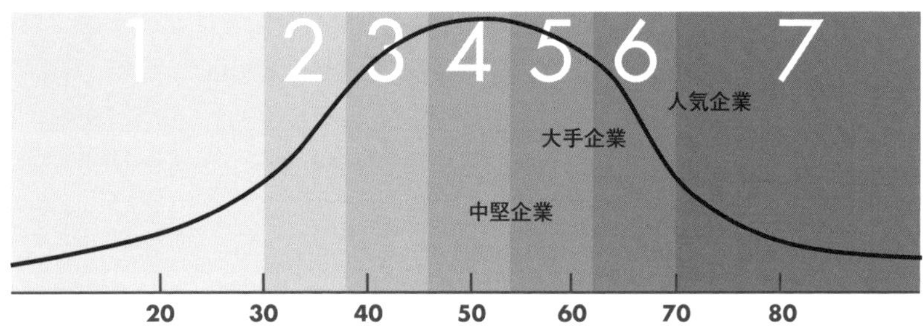

※分布図内の「中堅企業」などは、一般的な目安です。

言語分野の攻略ポイント

時間配分が点数を左右する!

短語句の問題は確実な得点源。1問を何分で解答するか、時間の目安をつくっておきましょう。

「2語の関係」は記号で解決する!

記号を使って、語句の関係をビジュアル化して解くと、誤りを防ぐことができます。

「語句の意味」は同じ漢字と消去法で解く!

明らかに「誤り」と分かる選択肢を消去していく方法を有効に使いましょう。

「長文読解」は本文を読む前に問題に目を通す

長文の長さはだいたい 1200 字程度。設問と選択肢の内容をざっと確認してから、本文を読むようにしましょう。

非言語分野の攻略のポイント

四則演算のスピードと正確性が重要!

1問平均80秒で解かなくてはならないのでスピードが重要。日ごろから四則演算の練習をして正確性を養っておきましょう。

苦手な計算は復習しておく!

次の計算を練習しておきましょう。
【必須数学】四則計算／累乗計算／1次方程式／連立方程式／分数・小数／不等式・不等号／比例配分／2次方程式／最大公約数／最小公倍数

問題をたくさん解いて慣れること!

難しく感じる問題も、実は中学・高校で習ったものばかりです。問題集を解いて、問題に慣れておくことが大切です。

出題傾向に合わせて学習する!

限られた時間の中で学習するなら、出題頻度の高い項目から取り組むといいでしょう。基本パターンを理解しておくようにします。

本書の使い方

本書は、就職採用試験「SPI」の対策を、短い時間でも効果的に学習が進められるよう作成されたテキストです。Chapter1「非言語能力問題」とChapter2「言語能力問題」の2つに分けて構成されています。

学習の進め方と難易度の表記

難易度	学習の進め方	解答に必要な時間
★☆☆	例題など、基礎となる問題です。必ず解けるようにしましょう。	ここまでで約4時間
★★☆	就職採用試験を突破するため、ここまでは押さえておきたい問題です。	
★★★	少しレベルアップした問題で、理解を深めましょう。	ここまでで約6時間

まずは難易度★と★★から解いていきましょう。すべての問題に取り組むと、約4時間（※）でSPI試験の対策ができます。それを終えて時間がある人は難易度★★★の問題に取り組んで、さらに理解を深めましょう。ここまで学習すると約6時間（※）になります。

※解答の制限時間の合計（非言語のみ）。答え合わせや解説を理解する時間は含まない。

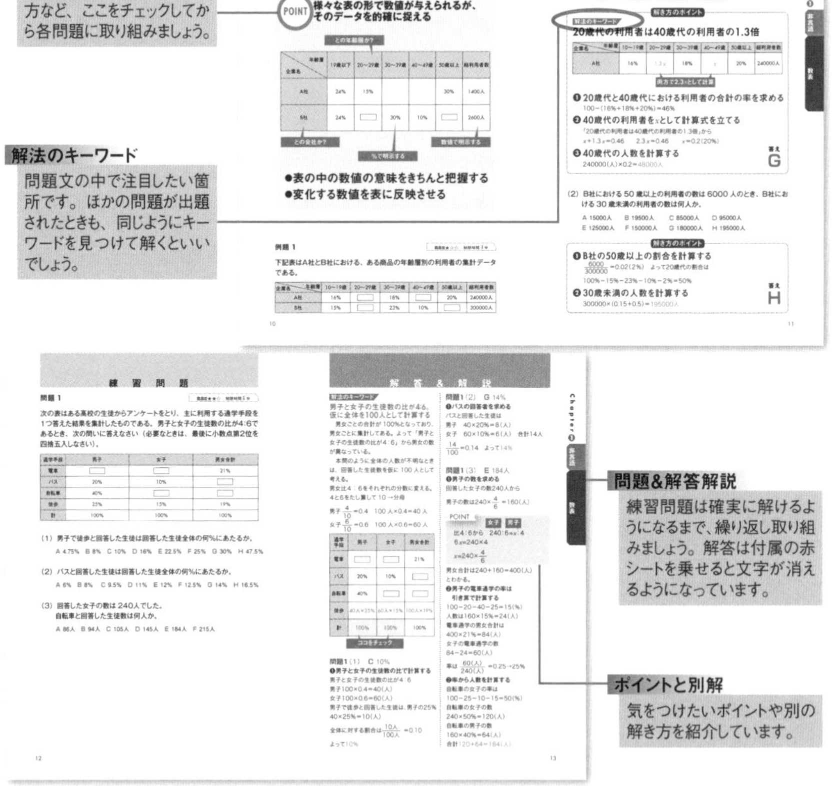

Chapter 1 非言語

ペーパーテスティングの中で
一番多く実施されている「SPI3-U」では、
非言語分野の制限時間は40分で
30問が出題されます。
平均すると1問80秒で
解答する必要があるため、
時間との勝負になります。
問題を解いて傾向をつかみ、
解答スピードを上げる
練習をしておきましょう。

Chapter❶
非 言 語

数表

POINT 様々な表の形で数値が与えられるが、
そのデータを的確にとらえる

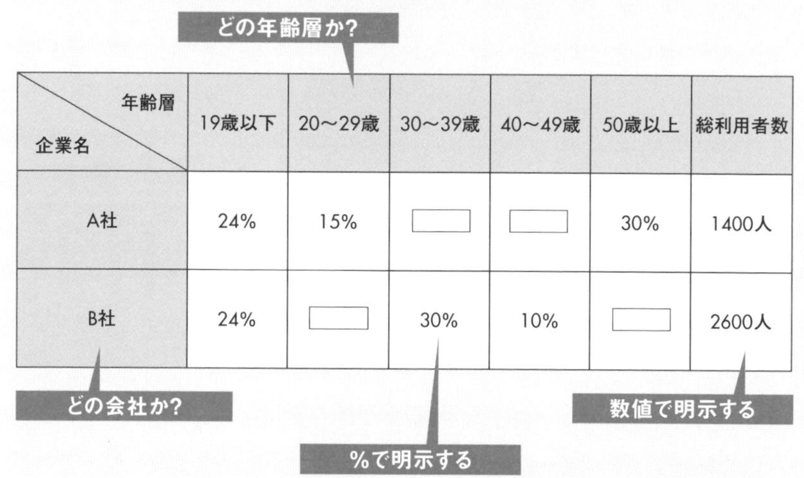

企業名＼年齢層	19歳以下	20～29歳	30～39歳	40～49歳	50歳以上	総利用者数
A社	24%	15%			30%	1400人
B社	24%		30%	10%		2600人

●表の中の数値の意味をきちんと把握する
●変化する数値を表に反映させる

例題 1

難易度★☆☆　制限時間 3 分

下記表はA社とB社における、ある商品の年齢層別の利用者の集計データである。

企業名＼年齢層	10～19歳	20～29歳	30～39歳	40～49歳	50歳以上	総利用者数
A社	16%		18%		20%	240000人
B社	15%		23%	10%		300000人

（1） A社における20歳代の利用者は40歳代の利用者の1.3倍のとき、A社における40歳代の利用者の数は何人か。

A 12000人　B 15000人　C 24000人　D 30000人
E 36500人　F 40000人　G 48000人　H 50000人

解き方のポイント

解法のキーワード

20歳代の利用者は40歳代の利用者の1.3倍

企業名＼年齢層	10～19歳	20～29歳	30～39歳	40～49歳	50歳以上	総利用者数
A社	16%	$1.3x$	18%	x	20%	240000人

両方で$2.3x$として計算

❶ 20歳代と40歳代における利用者の合計の率を求める

100%－(16%＋18%＋20%)＝46%

❷ 40歳代の利用者をxとして計算式を立てる

「20歳代の利用者は40歳代の利用者の1.3倍」から

$x+1.3x=0.46$　　$2.3x=0.46$　　$x=0.2$(20%)

❸ 40歳代の人数を計算する

240000人×0.2＝48000人

答え
G

（2） B社における50歳以上の利用者の数が6000人のとき、B社における30歳未満の利用者の数は何人か。

A 15000人　B 19500人　C 85000人　D 95000人
E 125000人　F 150000人　G 180000人　H 195000人

解き方のポイント

❶ B社の50歳以上の割合を計算する

$\frac{6000}{300000}=0.02$(2%)　よって20歳代の割合は

100%－15%－23%－10%－2%＝50%

❷ 30歳未満の人数を計算する

300000×(0.15＋0.5)＝195000人

答え

練　習　問　題

問題 1

難易度★★☆　制限時間 6 分

次の表はある高校の生徒からアンケートを取り、主に利用する通学手段を1つ答えた結果を集計したものである。男子と女子の生徒数の比が4:6であるとき、次の問いに答えなさい（必要なときは、最後に小数点以下第2位を四捨五入しなさい）。

通学手段	男子	女子	男女合計
電車	□	□	21%
バス	20%	10%	□
自転車	40%	□	□
徒歩	25%	15%	19%
計	100%	100%	100%

（1）男子で徒歩と回答した生徒は回答した生徒全体の何%に当たるか。

A 4.75%　B 8%　C 10%　D 16%　E 22.5%　F 25%　G 30%　H 47.5%

（2）バスと回答した生徒は回答した生徒全体の何%に当たるか。

A 6%　B 8%　C 9.5%　D 11%　E 12%　F 12.5%　G 14%　H 16.5%

（3）このアンケートに回答した女子の数は 240人でした。
自転車と回答した生徒数は何人か。

A 86人　B 94人　C 105人　D 145人　E 184人　F 215人

解答＆解説

解法のキーワード

男子と女子の生徒数の比が4:6。仮に全体を100人として計算する

男女ごとの合計が 100%となっており、男女ごとに集計してある。よって「男子と女子の生徒数の比が4：6」から男女の数が異なっている。

本問のように全体の人数が不明なときは、回答した生徒数を仮に 100 人として考える。

男女比4 ：6をそれぞれの分数に変える。
4と6を足し算して 10 →分母

男子 $\frac{4}{10}$ =0.4　100 人×0.4=40 人

女子 $\frac{6}{10}$ =0.6　100 人×0.6=60 人

通学手段	男子	女子	男女合計
電車	□	□	21%
バス	20%	10%	□
自転車	40%	□	□
徒歩	40人×25%	60人×15%	100人×19%
計	100%	100%	100%

ココをチェック

問題1（1）　C 10%

❶男子と女子の生徒数の比で計算する

男子と女子の生徒数の比が4：6
男子100×0.4＝40（人）
女子100×0.6＝60（人）
男子で徒歩と回答した生徒は、男子の25%
40×25%＝10（人）

全体に対する割合は $\frac{10人}{100人}$ ＝0.10

よって10%

問題1（2）　G 14%

❶バスの回答者を求める

バスと回答した生徒は
男子　40×20%＝8人
女子　60×10%＝6人　合計14人

$\frac{14}{100}$ ＝0.14　よって14%

問題1（3）　E 184人

❶男子の数を求める

回答した女子の数240人から

男子の数は240× $\frac{4}{6}$ ＝160人

POINT

女子　男子

比4：6から　240：6＝x：4
6x=240×4
x=240× $\frac{4}{6}$

男女合計は240＋160＝400人
とわかる。

❷男子の電車通学の率は引き算で計算する

100−20−40−25＝15%
人数は160×15%＝24人
電車通学の男女合計は
400×21%＝84人
女子の電車通学の数
84−24＝60人

率は $\frac{60人}{240人}$ ＝0.25→25%

❸率から人数を計算する

自転車の女子の率は
100−25−10−15＝50%
自転車の女子の数
240×50%＝120人
自転車の男子の数
160×40%＝64人
合計120+64＝184人

練　習　問　題

問題 2

難易度★★☆　制限時間7分

次の表Iは製造業を営むA、B、Cの3社の工場における従業員の就業形態別にその人数を%で示したものである。また表IIはその工場で働く従業員の男女別の数である。

表I

会社＼就業形態	正社員	契約社員	パート社員	派遣社員	合計
A社	15%	20%	40%	25%	100%
B社	ア	20%		31%	100%
C社		10%			100%

表II

会社＼男女	男性	女性	合計
A社	100人	40人	140人
B社	180人	120人	300人
C社	210人		

（1）C社の男性社員と女性社員の比率は3：5である。3社の契約社員の合計人数は何人か。

A 85人　B 92人　C 98人　D 107人　E 144人　F 232人

（2）B社の正社員数はパート社員の$\frac{3}{4}$である。アのB社の正社員は何%か。

A 12%　B 15%　C 17%　D 21%　E 24%　F 28%

（3）3社全体における正社員の割合は14%である。またC社の派遣社員はパート社員の3倍である。C社の派遣社員は何人か。

A 110人　B 212人　C 336人　D 388人　E 422人　F 448人

解答＆解説

問題2（1）　E 144人

解法のキーワード

C社の男性社員と女性社員の比率は3:5

男性社員3に対して女性社員5を分数にすると $\frac{5}{3}$

例）男性を 30 人とすると女性の数は

$30 \times \frac{5}{3} = 50$（人）

30：50＝3：5

❶男女比率から人数を求める

C社の男女比率3:5から女性の人数は

210人$\times \frac{5}{3}$＝350人

❷各社の契約社員数を計算する

C社の男女合計の社員数

210+350=560人

【各社の契約社員数】

A社　140人×20%=28人

B社　300人×20%=60人

C社　560人×10%=56人

合計　28+60+56=144人

問題2（2）　D 21%

解法のキーワード

B社の正社員数はパート社員の $\frac{3}{4}$

正社員およびパート社員の人数、%が不明なので両者の合計割合（%）から解く

❶正社員とパート社員の合計割合を出す

B社の正社員およびパート社員の割合の合計は　100%－20%－31%=49%

「B社の正社員数はパート社員の $\frac{3}{4}$」から

正社員:パート社員は　$\frac{3}{4}$:1

よって3:4

（両方に4を掛けて整数の比にする）

3＋4＝7を分母として計算する

正社員の割合　49%×$\frac{3}{7}$=21%

（パート社員の割合49%×$\frac{4}{7}$=28%）

問題2（3）　C 336人

解法のキーワード

C社の派遣社員はパート社員の3倍

派遣社員：パート社員＝3：1

❶ C社の正社員数を求める

● 3社の従業員の合計

140+300+560((1)から)=1000人

● 3社の正社員の合計

1000×14%=140人

● A社の正社員数

140×15%=21人

● B社の正社員数

300×21%((2)から)=63人

● C社の正社員数

140－21－63=56人

よってC社の正社員の割合は

$\frac{56}{560}$=0.1(10%)

❷ C社の派遣社員の割合を求める

「C社の派遣社員はパート社員の3倍」から

パート社員:派遣社員＝1:3

両者を合計して　分母は1＋3＝4

派遣社員の割合は

(100%－10%－10%)×$\frac{3}{4}$ =60%

派遣社員の人数は

560×60%=336人

練習問題

問題3

難易度★★☆　制限時間5分

次の資料を使って、（1）～（3）の設問に答えなさい。必要であれば、最後に小数点以下第3位を四捨五入すること。

		数学の得点					
		5点	6点	7点	8点	9点	10点
国語の得点	5点	1	1	1			
	6点		3	2	3	2	
	7点			5	10	5	
	8点				4	1	1
	9点			2	5		
	10点		2	1			1

上記表はあるクラス50人の国語と数学のテスト結果の相関表である。

（1）数学の成績が国語の成績より良かった学生は何人か。

A 7人　**B** 12人　**C** 15人　**D** 20人　**E** 21人　**F** 24人　**G** 26人　**H** 29人

（2）国語と数学の合計得点の最頻値（最も多い値）は何点か。

A 8点　**B** 9点　**C** 11点　**D** 13点　**E** 14点　**F** 15点　**G** 16点　**H** 17点

（3）国語で9点以上取った学生の数学の平均点は何点か。

A 6.78点　**B** 7.22点　**C** 7.55点　**D** 8.09点
E 8.14点　**F** 8.33点　**G** 9.12点　**H** 10.29点

解答&解説

問題3（1） G 26人

解法のキーワード

「数学の成績が国語の成績より良かった」ので、国語と数学の同点の箇所を探す

❶表に線を引く

右の表のように国語と数学の点数が同点の箇所に線を引く。線よりも上にあるのが数学の得点が国語の得点よりも高い人となる。

		数学の得点					
		5点	6点	7点	8点	9点	10点
国語の得点	5点	1	1	1			
	6点		3	2	3	2	
	7点			5	10	5	
	8点				4	1	1
	9点			2	5		
	10点		2	1			1

❷人数を足す

1＋1＋2＋3＋2＋10＋5＋1＋1＝26人

問題3（2） G 16点

解法のキーワード

「国語と数学の合計得点の最頻値」なので、表中で合計が同じ得点として表示されている箇所を探す

❶表に線を引く

線が引かれた箇所の合計点数はすべて等しい。

以上より人数を確認すると、合計得点が16点の人数（13人）が一番多いことがわかる。

		数学の得点					
		5点	6点	7点	8点	9点	10点
国語の得点	5点	1	1	1			
	6点		3	2	3	2	
	7点			5	10	5	
	8点				4	1	1
	9点			2	5		
	10点		2	1			1

合計得点16点のライン

問題3（3） C 7.55点

解法のキーワード

以下の線より下が「国語の得点が9点以上の学生」である

❶表に線を引く

数学の得点

6点　2人

7点　3人

8点　5人

9点　0人

10点　1人

		数学の得点					
		5点	6点	7点	8点	9点	10点
国語の得点	5点	1	1	1			
	6点		3	2	3	2	
	7点			5	10	5	
	8点				4	1	1
	9点			2	5		
	10点		2	1			1

国語の得点が9点以上の学生

❷数学の平均点を計算する

$$\frac{6点\times2人+7点\times3人+8点\times5人+10点\times1人}{2人+3人+5人+1人}=\frac{83}{11}=7.545\to7.55$$

練　習　問　題

問題 4

難易度★★☆　制限時間 5 分

下記表はあるクラス 50 名の国語と数学の 30 点満点のテスト結果の相関表です。

		数学の得点					
		0 ~ 5 点	6~10点	11~ 15 点	16 ~ 20 点	21 ~ 25 点	26 ~ 30 点
国語の得点	0 ~ 5 点	2	2	1			
	6~10点	1	3	2		3	1
	11~ 15 点			6	3	4	
	16 ~ 20 点	1		5	4	1	
	21 ~ 25 点			2	5	2	1
	26 ~ 30 点			1			

（1）国語と数学が10点以下の学生の国語の平均点として考えられる点数は何点から何点か。必要なときは、最後に小数点以下第3位を四捨五入しなさい。

A 3から6.75　B 3から7.5　C 4.25から8.25　D 4.25から8.75
E 4.75から8.75　F 4.75から9.25　G 5から8.25　H 5から8.75

（2）国語と数学の平均点が 10 点以下の学生として考えられる人数は何人から何人か。

A 3人から8人　B 3人から12人　C 5人から7人　D 5人から12人
E 7人から9人　F 8人から9人　G 8人から12人　H 9人から12人

解答 & 解説

問題4（1） B 3から7.5

解法のキーワード

「国語と数学が10点以下の学生の国語の平均点として考えられる点数」を求める

表中の点数表示に幅があり、最低の平均点と最高の平均点を計算する

		数学の得点	
		0～5点	6～10点
国語の得点	0～5点	2	2
	6～10点	1	3

国語と数学が 10 点以下の学生は右の8人

❶最低と最高の平均点を計算

表の国語の点数は「0～5点」などと幅があり、平均点が計算できない。そこで考えられる最低の合計点と最高の合計点を求め、最低の平均点と最高の平均点を計算する。

【最低の平均点】表の国語の0～5点を最低点の0とする。→0点×（2人＋2人）＝0点
表の国語の6～ 10点を最低点の6とする。→6点×（1人＋3人）＝24点
→平均点は（0＋24）÷8人＝3点

【最高の平均点】表の国語の0～5点を最高点の5とする。→5×（2人＋2人）＝20点　表の国語の6～10点を最高点の10とする。
10×（1人＋3人）＝40点
→平均点（20+40）÷8人＝7.5点

問題4（2） H 9人から12人

解法のキーワード

国語と数学の平均点が10点以下の学生

2科目で平均点 10 点以下→合計点数 20 点以下

❶少ない人数と多い人数で計算する

表の点数は幅があり、最も少ない人数と最も多い人数で計算する。

【最も少ない人数】
表の各区切りの最高点同士（5点、10点、15点）で考えると、右の色が付いた部分になり、人数は9人。

最高点同士

		数学の得点		
		0～5点	6～10点	11～15点
国語の得点	0～5点	2	2	1
	6～10点	1	3	2
	11～15点			6

国5点＋数5点≦20点　2人
国5点＋数10点≦20点　2人
国5点＋数15点≦20点　1人
国10点＋数5点≦20点　1人
国10点＋数10点≦20点3人
国15点＋数5点≦20点　0人

【最も多い人数】
表の各区切りの最低点同士（0点、6点、11点、16点）で考えると、右の色が付いた部分になり、人数は12人。

最低点同士

		数学の得点			
		0～5点	6～10点	11～15点	16～20点
国語の得点	0～5点	2	2	1	
	6～10点	1	3	2	
	11～15点			6	3
	16～20点	1		5	4

国0点＋数0点≦20点　2人
国0点＋数6点≦20点　2人
国0点＋数11点≦20点　1人
国0点＋数16点≦20点　0人
国6点＋数0点≦20点　1人
国6点＋数6点≦20点　3人
国6点＋数11点≦20点　2人
国11点＋数0点≦20点　0人
国11点＋数6点≦20点　0人
国16点＋数0点≦20点　1人

練　習　問　題

問題 5

難易度★★★　制限時間 7 分

下記表Iは、ある小学校において現在行っているスポーツの種類を、3年生以上を対象に調査を行い、その学年ごとに%で集計したものである。また表IIは、この調査に答えてくれた生徒の学年ごとの数の回答した全生徒数に対する割合を%で示している。
なお、必要なときは、最後に小数点以下第3位を四捨五入しなさい。

表I

学年＼競技	水泳	サッカー	テニス	その他	計
3年生	イ	30%	15%		100%
4年生	30%	20%	20%	30%	100%
5 年生	20%	15%	50%	15%	100%
6 年生	25%	25%	10%	40%	100%
各スポーツ / 全生徒数	23.25%	ア		32%	100%

表II

割合＼学年	3年生	4年生	5年生	6年生	計
各学年生徒数 / 全生徒数	30%	15%	20%	35%	100%

（1）アで表示されるサッカーをしていると回答した生徒は回答した全生徒の何%になるか。

A 16.25%　B 18%　C 20%　D 22.25%
E 23.75%　F 24.5%　G 32%　H 34%

（2）イで表示される 3 年生における水泳が 3 年生全体に占める割合は何%か。

A 15%　B 18%　C 20%　D 24%　E 25%　F 30%　G 32%　H 38%

（3）5 年生においてテニスと回答した生徒は 40 人でした。この調査に回答した生徒は全部で何人か。

A 100人　B 150人　C 200人　D 250人
E 300人　F 350人　G 400人　H 450人

問題5（1） E 23.75%

解法のキーワード

表Ⅰ
その学年ごとに%で集計したものである
→学年ごとの数に応じた%

表Ⅱ
調査に答えてくれた生徒の学年ごとの数の回答した全生徒数に対する割合
→回答数の規模

学年＼競技	水泳	サッカー
3年生	イ	30%
4年生	30%	20%

仮に回答した全生徒を 100 人とすると、表Ⅱから
3 年生は 100 人× 30%＝ 30 人、
4 年生は 100 人× 15%＝ 15 人よって
30人× 30%＝9人（3年生・サッカー）
15 人× 30%＝ 4.5 人（4 年生・水泳）
（回答数が半分で人数も半分になる）
同じ 30%でも表Ⅱの回答した生徒数が異なる。

❶回答者を100人として計算する
表Iの%の数値は学年ごとの集計。
それぞれ学年で回答者の数が異なり、それを回答者全体に対する%に直すには表Ⅱの%を使う。
仮に回答者を100人とすると
3年生　100人× 30%＝30人
4年生　100人× 15%＝15人
5年生　100人× 20%＝20人
6年生　100人× 35%＝35人

❷サッカーの各学年の数を計算する
3年生　30人× 30%＝9人
4年生　15人× 20%＝3人
5年生　20人× 15%＝3人
6年生　35人× 25%＝8.75人
合計23.75人
よって、$\frac{23.75}{100}$ ＝0.2375→23.75%

問題5（2） C 20%

❶仮に100人として計算する
全体に対する水泳の割合は23.25%とわかっている。
3年生以外の割合は表示されているから、上記（1）と同様に仮に100人として計算する。
4年生　100人× 15%× 30%＝4.5人
5年生　100人× 20%× 20%＝4人
6年生　100人× 35%× 25%＝8.75人
3年生以外の合計17.25人
全体23.25%も100を掛けると23.25人
3年生の人数23.25－17.25＝6人

❷3年生の人数で割る
求めるのは3年生における割合なので、3年生の人数100 × 30%＝30人で割る。
$\frac{6}{30}$ ＝0.2→20%

問題5（3） G 400人

❶回答者全員をxとして計算式を立てる
全体数×5年生の割合×5年生のテニスの割合
x×20%×50%＝40（人）
x×0.2×0.5＝40
0.1x＝40
$x=\frac{40}{0.1}$ ＝400（人）

Chapter 1 非言語

順列・組み合わせ

POINT **順列、組み合わせの公式をそれぞれ覚えておく**

●順列……並び順を区別する

$_4P_3 = 4 \times 3 \times 2 = 24$通り

左の数からスタート　右の数だけ数字を1ずつ下げて掛ける

●組み合わせ……並び順を区別しない

分子はP(順列)と同じ

$_4C_3 = \frac{4 \times 3 \times 2}{3 \times 2 \times 1} = \frac{24}{6} = 4$通り

分母は右の数字からスタートし1ずつ下げて1まで掛ける

●順列・組み合わせの応用

❶「少なくとも」(余事象)

すべての場合の数－特定の場合の数＝特定以外の場合の数

❷ AとBが連続して起こる(積の法則)

A×B

❸ AとBが同時には起こらない(和の法則)。問題文では「または」

A＋B

例題 1

難易度★☆☆　制限時間 1分30秒

1、2、3、4、5、6の6枚のカードがある。このカードから4枚を選び、4桁の整数をつくるとき、全部で何通りの整数ができますか。

A 8通り　B 15通り　C 30通り　D 60通り　E 120通り　F 360通り

解き方のポイント

解法のキーワード

4桁の整数をつくる

1	2	3	4	1234
4	3	2	1	4321

上と下の数字は異なる

●並び順で上と下を区別する
→順列（使う公式はP）

❶ どの公式か検討する

6枚の中から4枚取って4桁の整数をつくるということは、取り出したカードの順番が関係するので順列の問題。

❷ 順列の公式に当てはめる

6枚ある中から4枚取り出すときの順列で計算する。

${}_6P_4=6\times5\times4\times3=360$通り

答え
F

例題 2

難易度★☆☆　制限時間 1分30秒

男子3人、女子3人からなるグループの中から4人の選手を選ぶとき、選手の選び方は何通りありますか。

A 15通り　B 40通り　C 96通り　D 210通り　E 560通り　F 5040通り

解き方のポイント

解法のキーワード

4人の選手を選ぶ

1	2	3	4
4	3	2	1

上と下は同じ選手を選んでいる

●並び順で上と下を区別しない
（同一人物）→組み合わせ（使う公式はC）

❶ どの公式か検討する

6人の中から4人の選手を選ぶのだから、選ぶ順番は関係ない。つまり、6人の中から4人を選ぶときの組み合わせで計算をする。

❷ 組み合わせの公式に当てはめる

${}_6C_4=\frac{6\times5\times4\times3}{4\times3\times2\times1}=3\times5=15$通り

答え
A

練　習　問　題

問題 1

難易度★★☆　制限時間 5 分

男子5人、女子4人の合計9人の中から3人の委員を選ぶとき、次の各問いに答えなさい。

（1）委員の選び方は何通りありますか。

A 46通り　B 84通り　C 96通り　D 102通り　E 136通り　F 504通り

（2）選ばれた3人の委員の中から委員長と副委員長を選ぶ選び方は何通りありますか。

A 6通り　B 8通り　C 12通り　D 24通り　E 30通り　F 36通り

（3）委員の中に女子が少なくとも1人入る選び方は何通りありますか。

A 36通り　B 56通り　C 64通り　D 74通り　E 84通り　F 94通り

解　答　＆　解　説

問題1（1）　B 84通り

解法のキーワード

委員の選び方を組み合わせで計算する

委員		
A	B	C
B	C	A

委員の3枠において上と下は同じ人物

→組み合わせで計算

❶組み合わせの計算式を使う

9人の中から3人を選ぶ組み合わせ（順番を区別しない）なので、

$${}_9C_3=\frac{9\times8\times7}{3\times2\times1}=\frac{504}{6}=84\text{通り}$$

問題1（2）　A 6通り

解法のキーワード

委員長と副委員長を選ぶときは順列で計算する

委員長	副委員長
A	B
B	A

上の選び方は委員長がA、副委員長がB

下の選び方は委員長がB、副委員長がAとなり異なる→順列で計算する

❶順列の計算式で求める

委員長と副委員長で順番があるので順列で計算する。→ ${}_3P_2=3\times2=6$通り

問題1（3）　D 74通り

解法のキーワード

女子が少なくとも1人入る選び方は、「少なくとも」（余事象）に注目する。問題文に「少なくとも」とあれば、下記の公式に入れる。

すべての場合の数－特定の場合の数＝特定以外の場合の数

すべての数（${}_9C_3$）－女子が1人も入らない数＝少なくとも女子が1人選ばれる数

↓

全員男子が選ばれる数 ${}_5C_3$

❶3人全員、男子が選ばれる数を求める

$${}_5C_3=\frac{5\times4\times3}{3\times2\times1}=10\text{通り}$$

❷全体の数から引く

全体が（1）より84通りなので、84 － 10 ＝ 74通り

別解

女子が1人以上のパターンを合計してもよい

①男子2人×女子1人　${}_5C_2\times{}_4C_1=10\times4=40$通り

②男子1人×女子2人　${}_5C_1\times{}_4C_2=5\times6=30$通り

③男子0人×女子3人　$1\times{}_4C_3=1\times4=4$通り

①＋②＋③＝ 74通り

練　習　問　題

問題 2

難易度★★★　制限時間 3 分

男子7人、女子4人の合計 11 人グループの中から4人の委員を選ぶとき、次の各問いに答えなさい。

（1）男子が 2 人、女子が2人になる選び方は何通りありますか。

A 21通り　B 64通り　C 72通り　D 82通り　E 92通り　F 126通り

（2）委員の中に女子が少なくとも2人以上入る選び方は何通りありますか。

A 42通り　B 55通り　C 88通り　D 118通り　E 155通り　F 200通り

（3）委員の4人が同性になるように、男子だけまたは女子だけになる選び方は何通りありますか。

A 22通り　B 36通り　C 42通り　D 55通り　E 68通り　F 72通り

解答&解説

問題2（1）　F 126通り

解法のキーワード

男子が2人、女子が2人になる選び方を求める

物事が連続して起こる（積の法則）、つまりAとBが連続して起こる⇒A × Bで計算する

❶男子7人から2人選ばれる数×女子4人から2人選ばれる数を求める

男子7人から2人が選ばれる組み合わせは$_7C_2$

女子４人から２人が選ばれる組み合わせは$_4C_2$

この２つが連続するので、組み合わせの数を掛けて求める

$$_7C_2 \times {}_4C_2 = \frac{7\times6}{2\times1} \times \frac{4\times3}{2\times1} = 126\text{通り}$$

問題2（2）　E 155通り

解法のキーワード

委員の中に女子が少なくとも2人以上入る選び方を求める

すべての場合の数－特定の場合の数＝特定以外の場合の数

すべての数（$_{11}C_4$）－女子が２人未満の数＝少なくとも女子が２人以上選ばれる数

①男子４人×女子０人　②男子３人×女子１人

物事が同時には起こらない（和の法則）

AとBが同時には起こらないので、複数パターンの法則になり、A＋Bで計算する

❶すべての場合から、特定（女子が2人未満）の場合を引く

女子が２人未満とは以下の２パターン

①男子４人×女子０人　$_7C_4 \times 1 = 35 \times 1 = 35$通り

②男子３人×女子１人　$_7C_3 \times {}_4C_1 = 35 \times 4 = 140$通り

$_{11}C_4(330) - (35 + 140) = 155$通り

別解

女子が２人以上の場合を合計してもよい

①男子２人×女子２人　$_7C_2 \times {}_4C_2 (\frac{4\times3}{2\times1}) = 21 \times 6 = 126$ 通り

②男子１人×女子３人　$_7C_1 \times {}_4C_3 (\frac{4\times3\times2}{3\times2\times1}) = 7 \times 4 = 28$ 通り

③男子０人×女子４人　$1 \times {}_4C_4 = 1 \times 1 = 1$通り　①＋②＋③＝ 155 通り

問題2（3）　B 36通り

解法のキーワード

男子だけ、または女子だけになる選び方をする

複数パターンの法則のA＋Bで計算する。

❶男子のみ・女子のみの2つの場合で計算して合計する

男子のみ　$_7C_4 = 35$通り　女子のみ　$_4C_4 = 1$通り　$35 + 1 = 36$通り

練　習　問　題

問題 3

難易度★★☆　制限時間 8 分

男子2人、女子3人からなる5人グループが、舞台に横1列並ぶことになった。

（1）5人が横1列に並ぶとき、男女交互になる並び方は何通りありますか。

A 1通り　B 12通り　C 25通り　D 45通り　E 90通り　F 120通り

（2）5人が横1列に並ぶとき、両端が男子になる並び方は何通りありますか。

A 5通り　B 10通り　C 12通り　D 25通り　E 30通り　F 90通り

（3）5人が横1列に並ぶとき、男子2人が隣り合わない並び方は何通りありますか。

A 24通り　B 48通り　C 72通り　D 88通り　E 99通り　F 120通り

（4）左端を男子とし、女子3人が連続して並ばないようにする並び方は何通りありますか。

A 12通り　B 24通り　C 48通り　D 89通り　E 96通り　F 98通り

解答 & 解説

問題3（1）　**B** 12通り

解法のキーワード

男女交互になる並び方を求める

男子2人、女子3人だから、男女交互になる並び方は1パターン

❶女子の位置は3カ所に3人の並び方を求める

$_{3}P_{3}=3\times2\times1=6$通り

❷男子の位置は2カ所に2人の並び方を求める

$_{2}P_{2}=2\times1=2$通り

❸連続で5人の並びができるので掛け算して計算する

$6\times2=12$通り

問題3（2）　**C** 12通り

解法のキーワード

両端が男子になる並び方を求める

両端が男子になる並び方は1パターン

男	女	女	女	男

❶（1）と同様に男子は$_{2}P_{2}$、女子は$_{3}P_{3}$で計算する

$2\times6=12$通り

問題3（3）　**C** 72通り

解法のキーワード

男子2人が隣り合わない並び方を求める

余事象を使い、

すべての場合の数－男子が隣り合う数

＝男子が隣り合わない数

❶すべての数を求める

すべての数は

$_{5}P_{5}=5\times4\times3\times2\times1=120$通り

隣り合う男子をまとめて1人として考える

男男	女	女	女

女	男男	女	女

❷男子が隣り合う数を求める

4カ所に4人の並び方になる。

$_{4}P_{4}=4\times3\times2\times1=24$通り

男子の並び方も2通りあり、「かつ」なので連続と考え掛け算する。

$24\times2=48$通り

よって男子が隣り合わない数は

$120-48=72$通り

問題3（4）　**B** 24通り

解法のキーワード

❶図をもとに求める

A	B	C	D	E

図のように左端をAとし、並ぶ位置をA～Eとすると、女子3人が連続して並ばないようにするためには、男子の位置は、（A、C）、（A、D）の2通りになる。

男子の並び方は$_{2}P_{2}$なので、

$2\times1=2$（通り）

女子の並び方は$_{3}P_{3}$なので、

$3\times2\times1=6$（通り）

それぞれ2パターンに$2\times6=12$通りある。

求める並び方は、

$2\times(2\times6)=24$通り

練　習　問　題

問題 4

難易度★★☆　制限時間6分

男子3人、女子3人からなる6人グループが、舞台に横1列に並ぶことになった。

（1）6人が横1列に並ぶとき、男女交互になる並び方は何通りありますか。

A 16通り　B 36通り　C 72通り　D 144通り　E 156通り　F 224通り

（2）6人が横1列に並ぶとき、両端が男子になる並び方は何通りありますか。

A 32通り　B 64通り　C 96通り　D 124通り　E 144通り　F 196通り

（3）6人が横1列に並ぶとき、男子が3人連続して隣り合わない並び方は何通りありますか。

A 94通り　B 144通り　C 244通り　D 272通り　E 324通り　F 576通り

解答＆解説

問題4（1） C 72通り

解法のキーワード

男女交互になる並び方を求める

男子3人、女子3人だから、男女交互になる並び方は2パターン

女 男 女 男 女 男

男 女 男 女 男 女

❶男子の並び方を求める

${}_3P_3$＝3×2×1＝6通り

❷女子の並び方を求める

${}_3P_3$＝3×2×1＝6通り

❸2パターンあるので

6×6×2＝72通り

問題4（2） E 144通り

解法のキーワード

両端が男子になる並び方を求める

両端が男子になる並び方は、両端以外の残りの4カ所に女子3人とあと1人の男子が入る

❶両端が男子の並び方は男子3人が2カ所に入る

${}_3P_2$＝3×2＝6通り

❷残りの4人はどのように入ってもよい

${}_4P_4$＝4×3×2×1＝24通り

6×24＝144通り

問題4（3） F 576通り

解法のキーワード

男子が3人隣り合わない数を求める

余事象を使う

すべての場合の数－男子が隣り合う数＝男子が隣り合わない数

隣り合う男子をまとめて1人として考える（全体で4人と考える）

男男男 女 女 女

女 男男男 女 女

❶すべての数を求める

${}_6P_6$＝6×5×4×3×2×1＝720通り

❷男子が隣り合う数は、4カ所に4人の並び方になる

${}_4P_4$＝4×3×2×1＝24通り

❸隣り合う男子の並び方を求め、連続と考え掛け算する

${}_3P_3$＝3×2×1＝6通り

24×6＝144通り

よって、男子が隣り合わない数は

720－144＝576通り

POINT

組み合わせの計算上、以下を使えば時間短縮ができる。

${}_6C_4$と${}_6C_2$は同じ答え

$${}_6C_4=\frac{6\times5\times4\times3}{4\times3\times2\times1}=\frac{30}{2}=15\text{通り}$$

$${}_6C_2=\frac{6\times5}{2\times1}=\frac{30}{2}=15\text{通り}$$

6人から4人を選ぶ組み合わせとその残りの6人から2人を選ぶのは同じになる。

練　習　問　題

問題 5

難易度★★☆　制限時間 5 分

右図のように、テーブルの周りに置かれた番号が付された椅子にA、B、C、Dの4人が座ろうとしている。次の問いに答えなさい。

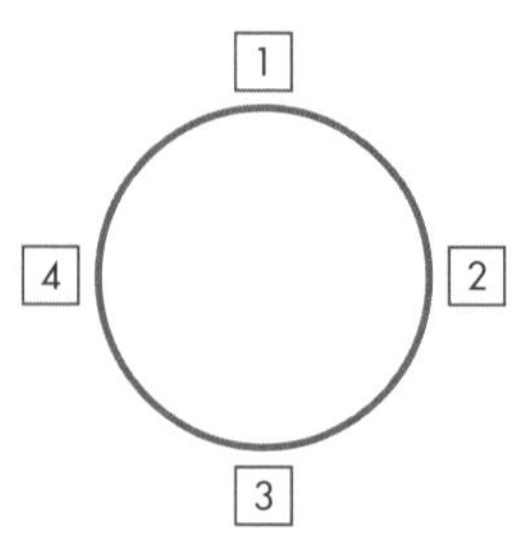

（1）4人が座る組み合わせは何通りですか。

A 14通り　B 16通り　C 20通り　D 22通り
E 24通り　F 26通り　G 28通り　H 46通り

（2）AとBが隣り合わせに座らない組み合わせは何通りですか。

A 4通り　B 8通り　C 10通り　D 16通り
E 22通り　F 24通り　G 26通り　H 30通り

問題 6

難易度★★★　制限時間 6 分

右図のように、テーブルの周りに置かれた椅子にA、B、C、Dの4人が座ろうとしている。次の問いに答えなさい。

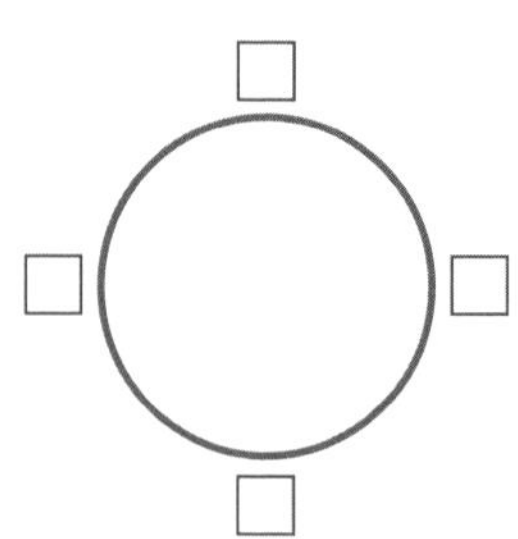

（1）4人が座る組み合わせは何通りですか。

A 6通り　B 8通り　C 10通り　D 12通り
E 18通り　F 20通り　G 24通り　H 26通り

（2）AとBが隣り合わせに座らない組み合わせは何通りですか。

A 1通り　B 2通り　C 4通り　D 6通り
E 12通り　F 14通り　G 16通り　H 20通り

解答＆解説

問題5（1） E 24通り

解法のキーワード

番号が付された椅子を区別する

❶椅子に区別があり、通常の順列で計算する

4人の4カ所の座り方を考えればよい

${}_4P_4=4\times3\times2\times1=$24通り

問題5（2） B 8通り

解法のキーワード

隣り合わせに座らない数を求める

余事象を使い

すべての場合の数－AとBが隣り合う数

＝AとBが隣り合わない数

❶AとBが隣り合う数を求める

隣り合う椅子は[1][2]、[2][3]、[3][4]、[4][1]の4通り、ABとBAの順があり

4×2＝8通り

他の2人は2カ所に2人が座り

${}_2P_2=2\times1=2$通り

❷その連続を求める

8×2＝16通り

上記（1）からすべての場合の数は24通り

よってAとBが隣り合わない数は

24－16＝8通り

問題6（1） A 6通り

解法のキーワード

椅子に区別がない、円順列で計算する

円順列とは、回転させれば一致する並び方は同じ並び方とするもの

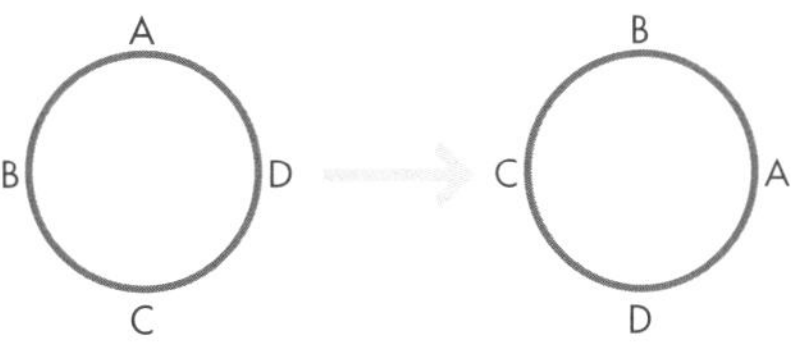

右に90度回転させても同じ並び方

公式　m個の円順列＝(m－1)!

❶円順列の公式に入れ、4人の座り方を計算する

(4－1)!＝3×2×1＝6通り

問題6（2） B 2通り

❶余事象を考え、3人の円順列を計算する

AとBが隣り合わせになるとき、AとBを1人として、3人の円順列を計算すると

(3－1)!＝2×1＝2（通り）

❷AとBの位置が2通りある

2×2＝4通り

全部の座り方の組み合わせは、上記（1）から6通りしたがってAとBが隣り合わせにならない組み合わせは、6－4＝2通り

POINT

順列と円順列の違い

問題5と問題6は座席に番号が付されているか否かの違いである。番号がある場合、座席が固定されており順列で計算する。

①にAが座る組み合わせの数は4通り、②はA以外の3人で3通り、③にはA、B以外の2人で2通り、④はA、B、C以外の1人で1通り。よって

4×3×2×1＝24通り

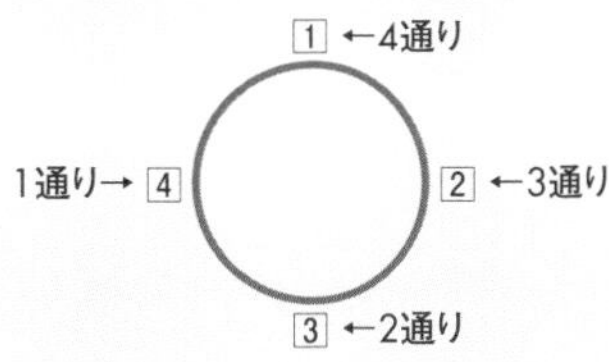

番号がない場合は、問題6の解説のように、回転させると位置は変化するが、並び順が同じものは同一のものと考える。

練　習　問　題

問題 7

難易度★★★　制限時間 8 分

AとBの2人が5セットマッチのテニスの試合をすることになった。先に3セット取った方が勝ちになる。次の問いに答えなさい。

（1）3セット終了してAが2セット以上取る組み合わせは何通りですか。

A 2通り　B 4通り　C 5通り　D 8通り
E 16通り　F 18通り　G 24通り　H 26通り

（2）フルセット（5 セット）でAが勝つ組み合わせは何通りですか。

A 3通り　B 6通り　C 9通り　D 12通り
E 18通り　F 24通り　G 36通り　H 52通り

（3）Aが1セット先取されてから逆転してAが勝つ組み合わせは何通りですか。

A 1通り　B 2通り　C 3通り　D 4通り
E 5通り　F 6通り　G 7通り　H 8通り

（4）3セット先取の勝敗ではなく、5セットを行うとした場合、Aが3セット以上取る組み合わせは何通りですか。

A 3通り　B 6通り　C 9通り　D 12通り
E 16通り　F 24通り　G 36通り　H 52通り

解答＆解説

問題7（1） B 4通り

解法のキーワード

3セット終了してAが2セット以上と考える

3つの中からセットを取ったものを選ぶ組み合わせ

「以上」とあるので、この中からAがセットを取った数（0、1）を選び全体から引く

❶3セットまでの勝敗の場合の数を求める

2^3＝8通り

	1	2	3	4
A	○○○	×××	○○×	○×○
B	×××	○○○	××○	×○×
	5	6	7	8（通り）
A	×○○	○××	×○×	××○
B	○××	×○○	○×○	○○×

Aが0セットのみの場合の数は1通り

Aが1セットのみの場合の数は

$_3C_1=\frac{3}{1}$＝3通り

❷3セットまでに2セット以上である数を求める

8－（1＋3）＝4通り

（上記1、3、4、5のパターン）

問題7（2） B 6通り

解法のキーワード

「フルセットでAが勝つ」…4セットまでは2－2のセットカウント

❶ Aが4セット中、2セットを取った組み合わせを求める

フルセット（5セット）になるには、4セットまで2－2の勝負だから

4セットのうち2セットを取った組み合わせを求める

$_4C_2=\frac{4\times3}{2\times1}$＝6通り

	1	2	3
A	○○××	××○○	○×○×
B	××○○	○○××	×○×○
	4	5	6（通り）
A	×○×○	×○○×	○××○
B	○×○×	○××○	×○○×

問題7（3） D 4通り

❶Aが0－1から勝つ組み合わせを求める

B○（Bが最初に1勝）

次にAが

	1	2	3	4（通り）
A	○○○	×○○○	○×○○	○○×○

1のパターンはAが3連勝（計4セット）、2、3、4のパターンはBが2か3か4のセットで勝ち、5セット目でAが勝つ（計5セット）

問題7（4） E 16通り

解法のキーワード

3セット先取の勝敗ではなく、5セット必ず戦い、Aが3勝以上なので（1）と同様に計算する

❶5セットまでの勝敗の場合の数を求める

2^5＝32通り

❷ 0セットのみの場合を求める

0セットのみの場合の数は1通り

❸1セットのみの場合の数を求める

$_5C_1=\frac{5}{1}$＝5通り

❹2セットのみの場合の数を求める

$_5C_2=\frac{5\times4}{2\times1}$＝10通り

❺ 5セットまでに3セット以上である数を求める

したがって、5セットまでに3セット以上である場合の数は

32－（1＋5＋10）＝16通り

確率

POINT 基本の公式と連続の公式を覚える

●確率の基本公式

$$確率=\frac{ある事柄が起こる場合の数}{起こりうるすべての場合の数}$$

●連続の場合

AとBが連続して起こる確率＝Aの起こる確率×Bの起こる確率

例題 1

難易度★☆☆　制限時間 3 分

赤球6個、白球3個の入った袋がある。次の確率を求めなさい。

（1）球を戻さずに2球を取り出すとき、2球とも赤球である確率はいくらか。

A $\frac{1}{4}$　B $\frac{10}{27}$　C $\frac{5}{12}$　D $\frac{3}{7}$　E $\frac{1}{2}$　F $\frac{4}{7}$　G $\frac{7}{12}$　H $\frac{5}{6}$

解き方のポイント

解法のキーワード

球を戻さずに2球を取り出す

❶ 1球目、2球目の確率を求める

1球目に赤を取り出す確率：$\frac{6}{9}$　　2球目にも赤を取り出す確率：$\frac{5}{8}$

❷ 連続した場合を求める

これが連続して起こる確率は $\frac{6}{9}\times\frac{5}{8}=\frac{5}{12}$

答え

(2) 球を戻さずに2球を取り出すとき、少なくとも1球が赤である確率はいくらか。

A $\frac{1}{12}$　B $\frac{1}{7}$　C $\frac{1}{3}$　D $\frac{4}{7}$　E $\frac{1}{2}$　F $\frac{5}{7}$　G $\frac{5}{6}$　H $\frac{11}{12}$

解き方のポイント

解法のキーワード

「少なくとも」は余事象で求める

❶ 問題文に「少なくとも」があれば、余事象で計算

Aが少なくとも1回起こる確率：1－Aが1回も起こらない確率

少なくとも1球が赤である確率：1－1球も赤が出ない確率

↓

2球とも白が出る確率

1球目に白を取り出す確率：$\frac{3}{9}$

2球目にも白を取り出す確率：$\frac{2}{8}$

❷ 連続した場合を求め、1から引く

これが連続して起こる確率は$\frac{3}{9}\times\frac{2}{8}=\frac{1}{12}$

$1-\frac{1}{12}=\frac{11}{12}$

別解

以下の3パターンを合計しても計算できる

①赤白 $\frac{6}{9}\times\frac{3}{8}=\frac{1}{4}$

②白赤 $\frac{3}{9}\times\frac{6}{8}=\frac{1}{4}$

③赤赤 $\frac{6}{9}\times\frac{5}{8}=\frac{5}{12}$

$\frac{1}{4}+\frac{1}{4}+\frac{5}{12}=\frac{11}{12}$

答え H

練習問題

問題 1

難易度★★☆　制限時間６分

白球8個、黒球6個の入っている袋から、同時に3球を取り出すとき、次の確率を求めなさい。

（1）全部白球である確率はいくらですか。

A $\frac{2}{13}$　B $\frac{15}{91}$　C $\frac{3}{14}$　D $\frac{5}{26}$　E $\frac{4}{13}$　F $\frac{7}{13}$

（2）少なくとも1球が白である確率はいくらですか。

A $\frac{1}{91}$　B $\frac{9}{91}$　C $\frac{17}{91}$　D $\frac{30}{91}$　E $\frac{51}{91}$　F $\frac{86}{91}$

（3）白球1個と黒球2個が出る確率はいくらですか。

A $\frac{3}{91}$　B $\frac{8}{91}$　C $\frac{15}{91}$　D $\frac{17}{91}$　E $\frac{30}{91}$　F $\frac{51}{91}$

解答＆解説

問題1(1)　A $\frac{2}{13}$

解法のキーワード

問題文に同時とあれば組み合わせで計算する

「同時に取り出す」がポイント。場合の数を組み合わせ(C)で計算する。

❶起こりうるすべての場合の数(分母)を求める

$${}_{14}C_3=\frac{14\times13\times12}{3\times2\times1}=364$$

❷全部白球の場合の数(分子)を求める

$${}_{8}C_3=\frac{8\times7\times6}{3\times2\times1}=56$$

❸上記の2つの計算式を合わせる

$$\frac{{}_{8}C_3}{{}_{14}C_3}=\frac{56}{364}=\frac{2}{13}$$

別解

連続して3回白が出る確率でも計算できる

白白白 $\frac{8}{14}\times\frac{7}{13}\times\frac{6}{12}=\frac{2}{13}$

問題1(2)　F $\frac{86}{91}$

解法のキーワード

「少なくとも」なので全部黒球(余事象)の確率を求めて解く

❶全部黒球の確率を求める

少なくとも1球が白である確率＝

1－白が1個も出ない確率

↓

全部黒球の確率

全部黒球が起こりうる場合の数(分子)：${}_{6}C_3$

全部黒球を取り出す確率：

$$\frac{{}_{6}C_3}{{}_{14}C_3}=\frac{20}{364}=\frac{5}{91}$$

❷少なくとも1球が白の確率を求める

少なくとも1球が白である確率：

$$1-\frac{5}{91}=\frac{86}{91}$$

別解

以下の7パターンを合計しても計算できる。

①白黒黒 $\frac{8}{14}\times\frac{6}{13}\times\frac{5}{12}=\frac{10}{91}$

②黒白黒 $\frac{6}{14}\times\frac{8}{13}\times\frac{5}{12}=\frac{10}{91}$

③黒黒白 $\frac{6}{14}\times\frac{5}{13}\times\frac{8}{12}=\frac{10}{91}$

上記①②③は分母分子が同じで1回計算すれば省略可。

④白白黒 $\frac{8}{14}\times\frac{7}{13}\times\frac{6}{12}=\frac{14}{91}$

⑤白黒白 $\frac{8}{14}\times\frac{6}{13}\times\frac{7}{12}=\frac{14}{91}$

⑥黒白白 $\frac{6}{14}\times\frac{8}{13}\times\frac{7}{12}=\frac{14}{91}$

上記④⑤⑥は分母分子が同じで1回計算すれば省略可。

⑦白白白 $\frac{8}{14}\times\frac{7}{13}\times\frac{6}{12}=\frac{14}{91}$

よって①＋②＋③＋④＋⑤＋⑥＋⑦＝$\frac{86}{91}$

問題1(3)　E $\frac{30}{91}$

解法のキーワード

分子は白球8個から1個を取る組み合わせの数と、黒球6個から2個を取る組み合わせの数の積

❶白球の確率を求める

白球8個から1個取り出す場合の数は

${}_{8}C_1=8$

❷黒球の確率を求める

黒球6個から2個取り出す場合の数は

$${}_{6}C_2=\frac{6\times5}{2\times1}=15$$

❸2つを掛ける

この2つを掛けたものが白1個、黒2個が出る場合の数になる。

$$\frac{{}_{8}C_1\times{}_{6}C_2}{{}_{14}C_3}=\frac{8\times15}{364}=\frac{30}{91}$$

練 習 問 題

問題 2

難易度★★★　制限時間 4 分

A、B、C、D、E、F、Gの7人で掃除当番を2人決めるため、7本のうち当たりくじが2本入っているくじを引くことにした。A、B、C、D、E、F、Gの順で引くことにした。

（1）くじを順番に引き、引いたくじを戻さないとき、AかBどちらかが当たる確率はいくらですか。

A $\frac{1}{21}$　B $\frac{1}{5}$　C $\frac{5}{12}$　D $\frac{3}{7}$

E $\frac{5}{21}$　F $\frac{2}{7}$　G $\frac{10}{21}$　H $\frac{11}{21}$

（2）くじを順番に引き、引いたくじを戻さないとき、AかCどちらかが当たる確率はいくらですか。

A $\frac{1}{5}$　B $\frac{2}{7}$　C $\frac{5}{12}$　D $\frac{3}{7}$

E $\frac{1}{2}$　F $\frac{7}{12}$　G $\frac{10}{21}$　H $\frac{2}{3}$

解答＆解説

問題2（1） G $\frac{10}{21}$

解法のキーワード

AとBのどちらかが当たりを引くパターンは以下の2つ

「複数パターン」和の法則
複数パターンをプラスする

❶1人目が当たり、2人目がはずれの場合を求める

1人目　Aが当たり→確率 $\frac{2}{7}$

2人目　Bがはずれ→確率 $\frac{5}{6}$

連続 $\frac{2}{7}\times\frac{5}{6}=\frac{5}{21}$

❷1人目がはずれ、2人目が当たりの場合を求める

1人目　Aがはずれ→確率 $\frac{5}{7}$

2人目　Bが当たり→確率 $\frac{2}{6}$

連続 $\frac{5}{7}\times\frac{2}{6}=\frac{5}{21}$

❸2つのパターンを足し算する

$\frac{5}{21}+\frac{5}{21}=\frac{10}{21}$

問題2（2） G $\frac{10}{21}$

解法のキーワード

上記（1）の2人目のBが3人目のCに変わっているだけの問題。くじは引く順番に関係なく（1）と同じ確率になる

AとCのどちらかが当たりを引くパターンは以下の4つになる。

❶1人目が当たり、2人目が当たり、3人目がはずれの場合

1人目　Aが当たり→確率 $\frac{2}{7}$

2人目　Bが当たり→確率 $\frac{1}{6}$

3人目　Cがはずれ→確率 $\frac{5}{5}$

連続 $\frac{2}{7}\times\frac{1}{6}\times\frac{5}{5}=\frac{1}{21}$

❷1人目が当たり、2人目がはずれ、3人目がはずれの場合

1人目　Aが当たり→確率 $\frac{2}{7}$

2人目　Bがはずれ→確率 $\frac{5}{6}$

3人目　Cがはずれ→確率 $\frac{4}{5}$

連続 $\frac{2}{7}\times\frac{5}{6}\times\frac{4}{5}=\frac{4}{21}$

❸1人目がはずれ、2人目が当たり、3人目が当たりの場合

1人目　Aがはずれ→確率 $\frac{5}{7}$

2人目　Bが当たり→確率 $\frac{2}{6}$

3人目　Cが当たり→確率 $\frac{1}{5}$

連続 $\frac{5}{7}\times\frac{2}{6}\times\frac{1}{5}=\frac{1}{21}$

❹1人目がはずれ、2人目がはずれ、3人目が当たりの場合

1人目　Aがはずれ→確率 $\frac{5}{7}$

2人目　Bがはずれ→確率 $\frac{4}{6}$

3人目　Cが当たり→確率 $\frac{2}{5}$

連続 $\frac{5}{7}\times\frac{4}{6}\times\frac{2}{5}=\frac{4}{21}$

❺4つのパターンを足し算する

$\frac{1}{21}+\frac{4}{21}+\frac{1}{21}+\frac{4}{21}=\frac{10}{21}$

練　習　問　題

問題 3

難易度★★★　制限時間 4 分

A、B、C、D、E、F、Gの7人で掃除当番を2人決めるため、7本のうち当たりくじが2本入っているくじを引くことにした。A、B、C、D、E、F、Gの順で引く。

（1）くじを順番に引き、引いたくじを<u>戻さないとき、少なくともAかBが</u>当たる確率はいくらか。

A $\frac{1}{21}$　B $\frac{1}{5}$　C $\frac{5}{12}$　D $\frac{3}{7}$

E $\frac{5}{21}$　F $\frac{2}{7}$　G $\frac{10}{21}$　H $\frac{11}{21}$

（2）くじを順番に引き、引いたくじを<u>戻すとき、少なくともAかBが</u>当たる確率はいくらか。

A $\frac{1}{5}$　B $\frac{2}{7}$　C $\frac{5}{12}$　D $\frac{24}{49}$

E $\frac{1}{2}$　F $\frac{7}{12}$　G $\frac{10}{21}$　H $\frac{2}{3}$

解答＆解説

問題3（1） H $\frac{11}{21}$

解法のキーワード

「戻さないとき、少なくともAかB」が当たりを引く計算は以下の公式に入れる

（少なくともAかBが当たりを引く確率）：
1－（A・Bどちらも当たらない）

❶公式に入れる

A・Bどちらも当たらない（ただし、くじは戻さない）

1人目　Aがはずれ　　確率 $\frac{5}{7}$

2人目　Bがはずれ　　確率 $\frac{4}{6}$

連続 $\frac{5}{7}\times\frac{4}{6}=\frac{10}{21}$

$1-\frac{10}{21}=\frac{11}{21}$

別解

以下の3パターンを合計しても計算できる

①A当たり $\frac{2}{7}$
　Bはずれ $\frac{5}{6}$　　連続 $\frac{2}{7}\times\frac{5}{6}=\frac{5}{21}$

②Aはずれ $\frac{5}{7}$
　B当たり $\frac{2}{6}$　　連続 $\frac{5}{7}\times\frac{2}{6}=\frac{5}{21}$

③A当たり $\frac{2}{7}$
　B当たり $\frac{1}{6}$　　連続 $\frac{2}{7}\times\frac{1}{6}=\frac{1}{21}$

よって①＋②＋③＝$\frac{11}{21}$

問題3（2） D $\frac{24}{49}$

解法のキーワード

少なくともAかBが当たりを引く計算は以下の公式に入れる

❶公式に入れて計算する

（少なくともAかBが当たりを引く確率）：
1－（A・Bどちらも当らない）
AとBどちらも当たらない確率を求める

1人目　Aがはずれ　　確率 $\frac{5}{7}$

2人目　Bがはずれ　　確率 $\frac{5}{7}$

❷連続する場合を求め、1から引く

連続 $\frac{5}{7}\times\frac{5}{7}=\frac{25}{49}$

$1-\frac{25}{49}=\frac{24}{49}$

別解

（2）は以下の3パターンを合計しても計算できる。

①A当たり $\frac{2}{7}$
　Bはずれ $\frac{5}{7}$　　連続 $\frac{2}{7}\times\frac{5}{7}=\frac{10}{49}$

②Aはずれ $\frac{5}{7}$
　B当たり $\frac{2}{7}$　　連続 $\frac{5}{7}\times\frac{2}{7}=\frac{10}{49}$

③A当たり $\frac{2}{7}$
　B当たり $\frac{2}{7}$　　連続 $\frac{2}{7}\times\frac{2}{7}=\frac{4}{49}$

よって①＋②＋③＝$\frac{24}{49}$

練　習　問　題

問題 4

難易度★★☆　制限時間 6 分

Aが1、3、5、7、Bが2、4、6のカードを持っており、それぞれ持っているカードを見ないで出し合い、その数値が大きい方が勝つゲームをした。

（1）それぞれ1枚のカードを出し合い、Aが勝つ確率を求めなさい。

A $\frac{1}{5}$　B $\frac{1}{4}$　C $\frac{1}{3}$　D $\frac{3}{7}$

E $\frac{1}{2}$　F $\frac{7}{12}$　G $\frac{2}{3}$　H $\frac{3}{5}$

（2）それぞれ1枚のカードを出し合い、Aが3以上を出して負ける確率を求めなさい。

A $\frac{1}{7}$　B $\frac{1}{5}$　C $\frac{1}{4}$　D $\frac{1}{3}$

E $\frac{1}{2}$　F $\frac{2}{7}$　G $\frac{2}{5}$　H $\frac{3}{4}$

（3）それぞれ2枚のカードを出し合い、あいこ（両者のカードの和が同じ）になる確率を求めなさい。

A $\frac{1}{9}$　B $\frac{2}{9}$　C $\frac{2}{7}$　D $\frac{3}{7}$

E $\frac{1}{2}$　F $\frac{5}{9}$　G $\frac{5}{7}$　H $\frac{6}{7}$

解　答　&　解　説

問題4（1）　E $\frac{1}{2}$

解法のキーワード

1枚のカードを出し合い、Aが勝つ組み合わせを考える

❶表に書き出してみる

下の表でAが勝つ組み合わせに○をつける。

A＼B	2	4	6
1			
3	○		
5	○	○	
7	○	○	○

❷○の数を数えて計算する

マスは全部で12、Aが勝つ○は6。

よって $\frac{6}{12}=\frac{1}{2}$

問題4（2）　C $\frac{1}{4}$

解法のキーワード

Aが3以上で負ける組み合わせを考える

❶表に書き出してみる

下の表でAが3以上で負ける組み合わせに×をつける。

A＼B	2	4	6
1			
3		×	×
5			×
7			

❷×の数を数えて計算する

マスは全部で12、Aが3以上で負ける×は3。

よって $\frac{3}{12}=\frac{1}{4}$

問題4（3）　B $\frac{2}{9}$

解法のキーワード

2枚のカードを出し合い、あいこの場合、つまり両者のカードの和が同数になる組み合わせを考える

❶カードの和が同数になるパターンを探す

両者のカードの和が同数になるのは以下の4パターン

	A	⇔	B
①	1＋5＝6	⇔	2＋4＝6
②	1＋7＝8	⇔	2＋6＝8
③	3＋5＝8	⇔	2＋6＝8
④	3＋7＝10	⇔	4＋6＝10

❷組み合わせを求める

Aが4枚から2枚を出す組み合わせ

${}_4C_2=6$通り

（1・3、1・5、1・7、3・5、3・7、5・7の6通り）

各パターンにおいて上記2枚が出る確率は

$\frac{1}{6}$

同様にBが3枚から2枚を出す組み合わせ

${}_3C_2=3$通り

（2・4、2・6、4・6の3通り）

各パターンにおいて上記2枚が出る確率は

$\frac{1}{3}$

❸連続して出る確率を求める

両者のカードが連続して出る確率は

$\frac{1}{6}\times\frac{1}{3}=\frac{1}{18}$

4パターンある。

$\frac{1}{18}\times4=\frac{4}{18}=\frac{2}{9}$

練　習　問　題

問題 5

難易度★★☆　制限時間 6 分

10 円玉が4枚、100 円玉が3枚、500 円玉が1枚入った貯金箱がある。そこから1枚のコインを取り出し、また貯金箱に戻す。

（1）コインを2回取り出した金額の合計が 600 円になる確率はいくらですか。

A $\frac{1}{27}$　B $\frac{3}{64}$　C $\frac{3}{32}$　D $\frac{5}{21}$

E $\frac{5}{32}$　F $\frac{1}{4}$　G $\frac{9}{64}$　H $\frac{15}{32}$

（2）コインを3回取り出した金額の合計が 520 円になる確率はいくらですか。

A $\frac{1}{64}$　B $\frac{1}{32}$　C $\frac{3}{64}$　D $\frac{3}{32}$

E $\frac{1}{8}$　F $\frac{5}{32}$　G $\frac{3}{8}$　H $\frac{5}{8}$

（3）コインを2回取り出したとき、少なくとも1回 500 円玉が出る確率はいくらですか。

A $\frac{3}{32}$　B $\frac{15}{64}$　C $\frac{5}{32}$　D $\frac{5}{21}$

E $\frac{1}{3}$　F $\frac{15}{32}$　G $\frac{64}{81}$　H $\frac{49}{64}$

問題5（1）　C $\frac{3}{32}$

解法のキーワード

コインはその都度戻し、合計が600円になるパターンを考える。

❶ 600円になるパターンを数える

500円→100円／
100円→500円⇒2パターン

❷2パターンの確率は同じで以下で計算する

500円→100円　$\frac{1}{8} \times \frac{3}{8} = \frac{3}{64}$

100円→500円　$\frac{3}{8} \times \frac{1}{8} = \frac{3}{64}$

❸2パターンを足し算する

$\frac{3}{64} + \frac{3}{64} = \frac{6}{64} = \frac{3}{32}$

問題5（2）　D $\frac{3}{32}$

解法のキーワード

コインはその都度戻し、合計が520円になるパターンを考える。

❶ 520円になるパターンを数える

500円→10円→10円／
10円→500円→10円／
10円→10円→500円⇒3パターン

❷各パターンの確率は同じで以下で計算する

$\frac{1}{8} \times \frac{4}{8} \times \frac{4}{8} = \frac{1}{32}$

❸3パターンを足し算する

$\frac{1}{32} + \frac{1}{32} + \frac{1}{32} = \frac{3}{32}$

問題5（3）　B $\frac{15}{64}$

解法のキーワード

少なくとも1回500円玉が出る確率＝1−500円玉が1回も出ない確率

❶ 500円玉が1回も出ない確率を求める

500円以外は7枚

$\frac{7}{8} \times \frac{7}{8} = \frac{49}{64}$

よって、少なくとも1回500円玉が出る確率は

$1 - \frac{49}{64} = \frac{15}{64}$

別解

少なくとも1回500円玉が出る5つのパターンを計算しても解答できる

①10円玉→500円玉　$\frac{4}{8} \times \frac{1}{8} = \frac{4}{64}$

②500円玉→10円玉　$\frac{1}{8} \times \frac{4}{8} = \frac{4}{64}$

③100円玉→500円玉　$\frac{3}{8} \times \frac{1}{8} = \frac{3}{64}$

④500円玉→100円玉　$\frac{1}{8} \times \frac{3}{8} = \frac{3}{64}$

⑤500円玉→500円玉　$\frac{1}{8} \times \frac{1}{8} = \frac{1}{64}$

$\frac{4}{64} + \frac{4}{64} + \frac{3}{64} + \frac{3}{64} + \frac{1}{64} = \frac{15}{64}$

練　習　問　題

問題 6

難易度★★★　制限時間 7 分

AとBがスカッシュの試合をし、先に 3 勝した方が優勝とする。AがBに勝つ確率は $\frac{1}{3}$ であるとき、次の問いに答えなさい。

（1）Bが3連勝で優勝する確率はいくらですか。

A $\frac{1}{9}$　B $\frac{2}{9}$　C $\frac{4}{21}$　D $\frac{8}{27}$

E $\frac{4}{9}$　F $\frac{8}{21}$　G $\frac{2}{3}$　H $\frac{25}{27}$

（2）Bが3勝1敗で優勝する確率はいくらですか。

A $\frac{1}{9}$　B $\frac{1}{3}$　C $\frac{8}{27}$　D $\frac{4}{7}$

E $\frac{5}{7}$　F $\frac{5}{9}$　G $\frac{3}{7}$　H $\frac{6}{7}$

（3）Bが優勝する確率はいくらですか。

A $\frac{1}{27}$　B $\frac{2}{9}$　C $\frac{4}{21}$　D $\frac{16}{81}$

E $\frac{1}{3}$　F $\frac{5}{9}$　G $\frac{64}{81}$　H $\frac{8}{9}$

解答＆解説

問題6（1） D $\frac{8}{27}$

解法のキーワード

Bが3連勝で優勝する確率は、(Bが勝つ確率)^3

❶ BがAに勝つ確率を求める

AがBに勝つ確率は$\frac{1}{3}$だから、BがAに勝つ確率は

$$1-\frac{1}{3}=\frac{2}{3}$$

❷ Bが3連勝する確率を求める

Bが3連勝(○○○)することになるので、この場合の確率は

$$\left(\frac{2}{3}\right)^3=\frac{2}{3}\times\frac{2}{3}\times\frac{2}{3}=\frac{8}{27}$$

問題6（2） C $\frac{8}{27}$

解法のキーワード

Bが3勝1敗で優勝するときは、3回戦行った時点でのBの2勝1敗の組み合わせを考える

❶2勝1敗の組み合わせを求める

${}_3C_2$＝3通り

(○○×、○×○、×○○の3通り)

勝つ確率$\frac{2}{3}$、負ける確率$\frac{1}{3}$

❷ 2勝1敗から勝つ確率を求める

3回戦行った時点で、Bの2勝1敗の状態から4回戦目でBが勝つということになるので、この場合の確率は、

$$\left(\frac{2}{3}\right)^2\times\left(\frac{1}{3}\right)\times\left(\frac{2}{3}\right)=\frac{8}{81}$$

❸3勝1敗の確率を求める

①より2勝1敗の状態は3通りあるので、

2勝1敗の確率　4回戦で勝つ確率

$$3通り\times\left(\frac{2}{3}\times\frac{2}{3}\times\frac{1}{3}\right)\times\frac{2}{3}=\frac{8}{27}$$

問題6（3） G $\frac{64}{81}$

解法のキーワード

Bが優勝するときは、Bが3勝する組み合わせを考える（以下の3パターン）

①3勝0敗(上記(1)で計算)

②3勝1敗(上記(2)で計算)

③3勝2敗(これを新たに計算する)

❶4回戦行った時点でのBの2勝2敗の組み合わせを考える

${}_4C_2$＝6通り

(○○××、××○○、○×○×、×○×○、○××○、×○○×の6通り)

勝つ確率$\frac{2}{3}$、負ける確率$\frac{1}{3}$

❷2勝2敗から勝つ確率を求める

4回戦行った時点で、Bの2勝2敗の状態から5回戦目でBが勝つということになるので、この場合の確率は、

$$\left(\frac{2}{3}\right)^2\times\left(\frac{1}{3}\right)^2\times\left(\frac{2}{3}\right)=\frac{8}{243}$$

❸ 3勝2敗の確率を求める

2勝2敗の確率　5回戦で勝つ確率

$$6通り\times\left(\frac{2}{3}\times\frac{2}{3}\times\frac{1}{3}\times\frac{1}{3}\right)\times\frac{2}{3}=\frac{16}{81}$$

❹①＋②＋③を足す

$$\frac{8}{27}+\frac{8}{27}+\frac{16}{81}=\frac{64}{81}$$

推理（位置）

POINT 問題文を記号などに置き換える

❶ 条件（隣接しているか、隣接していないか）を図式化して整理する

●X→Y
●X↛Z

（例）XはYには接しているがZとは接していない

❷ 接している区画数を確認する

a 2カ所	b 3カ所 / c 3カ所	d 2カ所

例題 1

難易度★☆☆ 制限時間2分

（1） 下記の図のようなａからｅの5つの区画があり、それぞれO、P、Q、R、Sの5人が所有している。次のア～ウのことがわかっているとき、ａの区画は誰の所有か。

ア　Pの区画はRとは接しているがOとは接していない。
イ　Qの区画はPを含む3つに接している区画である。
ウ　Sの区画はRとＱの2つに接している区画である。

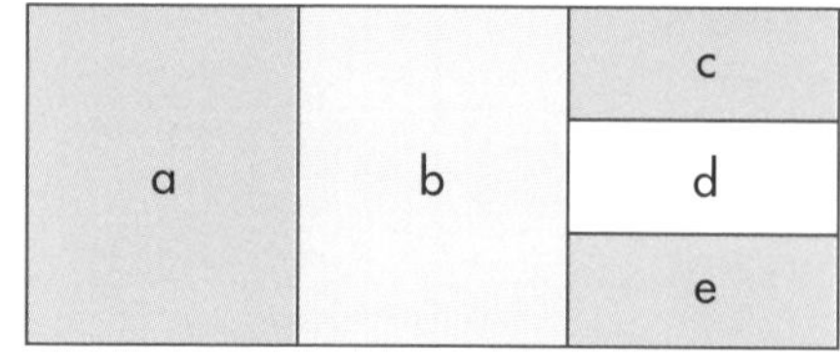

A O所有　B P所有　C Q所有　D R所有　E S所有　F OまたはP所有
G AからFに正解なし

解き方のポイント

解法のキーワード

「O、P、Q、R、Sの5人が所有」それぞれの区画の接している数をメモする

❶ 図に書き込む

a 1カ所	b 4カ所	c 2カ所
		d 3カ所
		e 2カ所

❷ 条件を検証する

条件を図示して①の図に照らし検証する。

【条件ア】 P→R　　P↛O

【条件イ】 Q→P　3カ所に接している。
よって上記①から3つに接しているd区画が確定する。

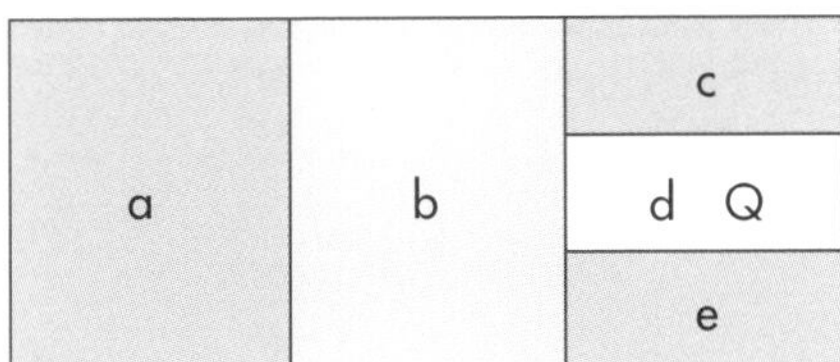

【条件ウ】 S→R　　S→Q
2つに接している区画からcまたはeがわかる。

a	b	c
		d Q
		e

c・e：Sはどちらかに入る
また条件ア、イ(PはQに接しOと接していないのでa、bでない)からPもどちらかに入る

残りのa、bの区画は条件アよりOはPとは接していないから、Oがaの区画となる。

O	R	SまたはP
		Q
		SまたはP

答え **A**

練　習　問　題

問題 1

難易度★☆☆　制限時間 4 分

下記の図のような a から d の4つの区画があり、それぞれO、P、Q、Rの4人が所有している。

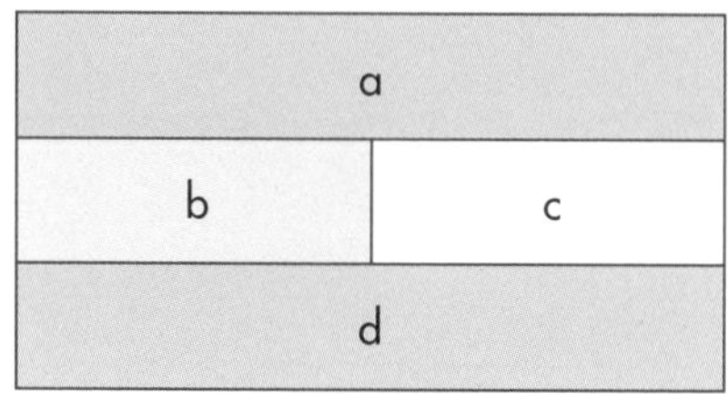

（1）次のアがわかっているとき、Qの所有と考えられるのはどの区画か。

ア　Oの区画はPとは接しているがRとは接していない。

A a区画　**B** b区画　**C** c区画　**D** d区画
E a区画またはb区画　**F** b区画またはc区画　**G** c区画またはd区画

（2）下記イのみがわかっているとき、次の①から④のうち必ず正しいのはどれか。

イ　Oの区画はPを含む2つに接している区画である。

①RとQは接している　②RとPは接している
③OとQは接している　④OとRは接している

A ①のみ　**B** ②のみ　**C** ③のみ　**D** ④のみ
E ①と②　**F** ①と③　**G** ②と④

解　答　&　解　説

問題1（1）　F b区画またはc区画

解法のキーワード

「Oの区画はPとは接しているがRとは接していない」それぞれの区画が接している数を記入して考える

❶図に書き込む

a　2カ所　O	
b　3カ所	c　3カ所
d　2カ所　R	

条件アを図示すると以下になる。

O→P　　O↛R

よってO、Rともに3カ所は接しておらず、aまたはdのいずれかになる。Qの所有地と考えられるのはbまたはc区画になる

問題1（2）　E ①と②

解法のキーワード

「Oの区画はPを含む2つに接している区画である」に注目する

❶図に書き込む

a　2カ所　O	
b　3カ所　P	c　3カ所　P
d　2カ所　O	

条件イよりOの区画はPを含む2つに接している区画であるから、aまたはdのいずれかになる。また、Pはbまたはcのいずれかになり、3区画すべてに接している。選択肢から、必ず正しいものを選択する。

①Rの所有地はQと接している
　→残りの区画bまたはc（3区画すべてに接している）にR、Qどちらかが入るため、必ず接する。

②Rの所有地はPと接している
　→Pはbまたはcで、3区画に接しているから、必ず接する。

③Oの所有地はQと接している
　→Qをbまたはcとすると接するが、aまたはdとすると接しない。必ず正しいとはいえない。

④Oの所有地はRと接している
　→Rをbまたはcとすると接するが、aまたはdとすると接しない。必ず正しいとはいえない。

よって必ず正しいのは①と②

POINT

SPIではさまざまな言い回しで出題される!

●必ず正しい
→すべてにおいて正しい

●必ず誤り
→すべてにおいて誤り

●必ずしも正しくはない
→すべてにおいて正しくはない。
　どれか誤ったケースがある

●必ずしも誤りではない
→すべてにおいて誤りではない。
　どれか正しいケースがある

●どちらともいえない
→与えられた資料・数値からは判断ができない

練　習　問　題

問題 2

難易度★★☆　制限時間４分

（1）下記の図のような a からiの9つの区画がある。
すでに3つの区画には家が建っている。Aがbの区画に家を建てると2軒、cの区画に家を建てると2軒、dの区画に家を建てると1軒の家と前後左右斜めのどれかで接することになる。
すでに家が建っている区画はどこか。

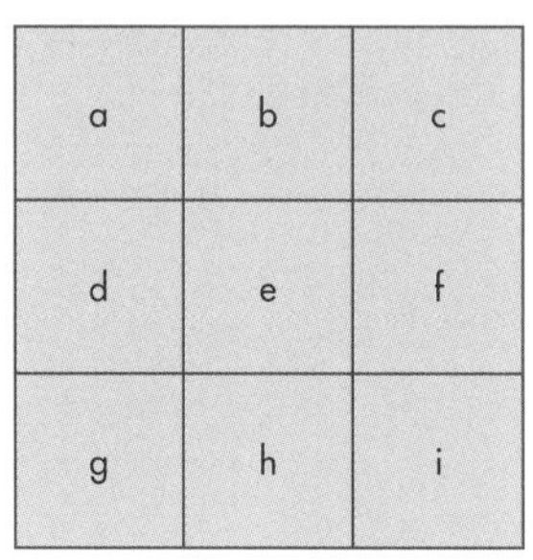

A a、f、i　　B a、f、h　　C a、e、i　　D a、e、h　　E e、f、i　　F e、f、g

（2）Aは、図に示す9つのいずれかの席に座ることにした。
Aが座ろうとしている②・⑥・⑧の席はいずれも空席である。
図に示す9つの席のうち、Aが②の席に座ると1人、⑥の席に座ると2人、⑧の席に座ると1人、それぞれ前後左右斜めのいずれかで接することになる。このとき、①から⑨までの席には、Aより先に何人の人が座っているか。

A 1人　　B 2人　　C 3人　　D 4人　　E 5人　　F 6人

解答＆解説

問題2（1） E e、f、i

解法のキーワード

**「Aがbの区画に家を建てると2軒、cの区画に家を建てると2軒、dの区画に家を建てると1軒」
問題の題意から
「b、c、dに家を建てると」とあり、b、c、dは現在は空き地である**

❶図に書き込む

dの区画と接する1軒はa、b（次の条件から除外）、e、h、gのいずれかとなる。

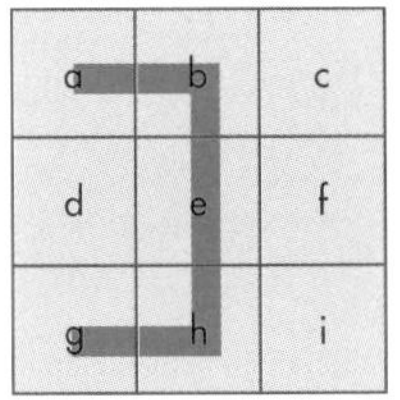

bの区画と接する2軒はa、c（次の条件から除外）、d（前の条件から除外）、e、fのうち2カ所となる。

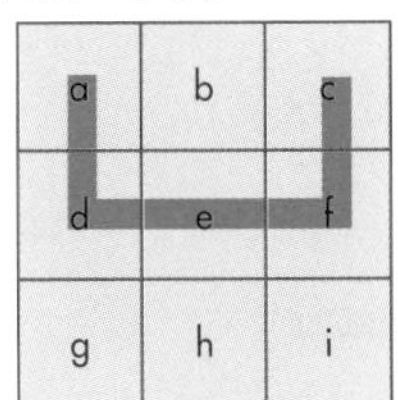

cの区画と接する2軒はbが前の条件から除外なのでe、fの2カ所に決まる。

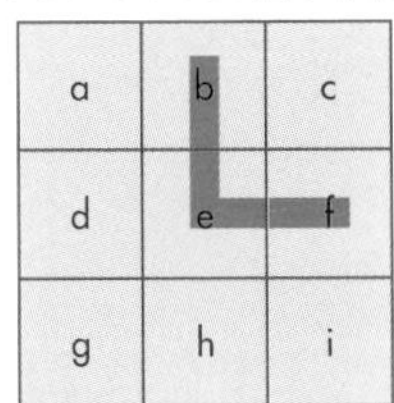

bのときも同様にe、fの2カ所に決まり、dのときの区画の1カ所もeと決まり、残りはd、b、cが接していないiが決まる。よってすでに家が建っているのはe、f、iとなる。

問題2（2） B 2人

解法のキーワード

**「Aより先に何人の人が座っているか」で、先に座っている人数を問われている問題。
図に接している数を記入して推理する**

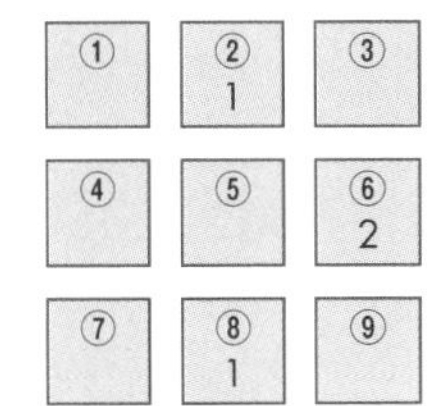

②が隣接している箇所
→①③④⑤⑥のうち1カ所
⑥が隣接している箇所
→③②⑤⑧⑨のうち2カ所
⑧が隣接している箇所
→④⑤⑥⑦⑨のうち1カ所

②⑥⑧は空いている前提から、⑤がすでに座っていると②⑧の接している1カ所は⑤になる。
しかし、⑥の2カ所のうち、もう1カ所は③または⑨となり、②⑧の1カ所と矛盾する。よって⑤は空きとなる。
③⑨がすでに座っていないと⑥の2カ所が不可能になり、②⑧が1カ所から①④⑦は空きになる。
よって、Aより先に座っているのは③⑨の2人。

練　習　問　題

問題 3

難易度★★☆　制限時間 4 分

A、B、C、D、E、Fの6人が丸いテーブルに座って食事をしています。このとき、次のことがわかっている。

① Aの隣はEである。
② Aの向かいはBである。
③ Dの向かいはFである。

これらのことから確実にいえることはどれか。

ア　AはDの隣である。
イ　BはDの隣である。
ウ　CはEの向かいである。

A アのみ　B イのみ　C ウのみ　D アとイ　E アとウ　F イとウ

問題 4

難易度★★★　制限時間 4 分

A、B、C、D、E、Fの6人がくじを引いて席替えをすることになった。次のことがわかっているとき、正しくいえるのはどれか。ただし、席は下図の通りで、席が替わらなかったのは1人だけである。A、E、Fの発言の中の「前」は直前を、「後ろ」は直後の位置を示す。

Aの発言
「私の隣にはBが、斜め後ろにはDがいたが、
席替え後はCの後ろになった」
Eの発言
「私は左側から右側へ移っただけで机は変わらなかった」
Fの発言
「私の斜め前にCがいたが、席替え後、
Cは斜め後ろになった」

	左	右
前	机	
	□	□
	机	
	□	□
	机	
後	□	□

A 席が替わらなかったのはBである　B Aの席は席替え前、後とも右側である
C Cの隣は席替え前も後もDである　D 席替え後、Cの前はDである
E 席替え後、Eの前はCである　F 席が替わらなかったのはDである

解答 & 解説

問題3　C ウのみ

解法のキーワード

与えられた3つの条件から図を描いて、矛盾点を推理し「確実にいえる」選択肢を考える。

❶①の条件を描く

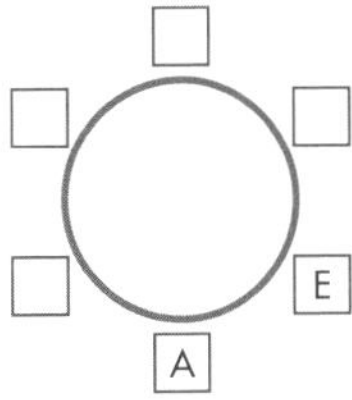

❷②の条件を描く

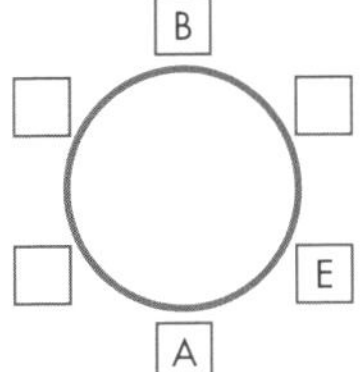

❸③の条件を描く

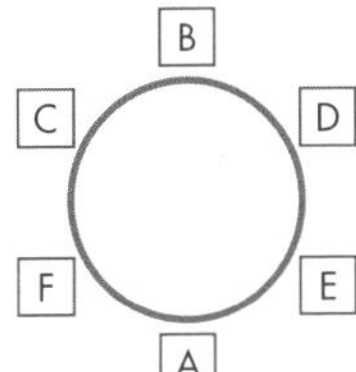

❹同じく③の条件を描く

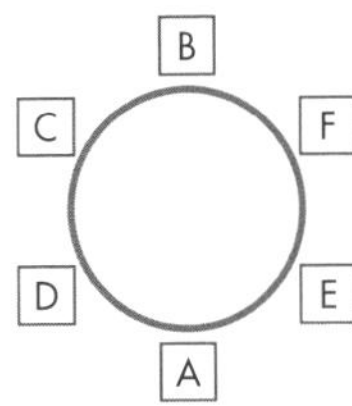

❺各選択肢を検討する

ア❹の場合はいえるが、❸の場合にはいえない。

イ❸の場合はいえるが、❹の場合にはいえない。

ウ❸❹のいずれの場合にもいえる。

問題4　D 席替え後、Cの前はDである

解法のキーワード

本問は3人の発言から席替え前と席替え後を考えて2つのパターンで図示し、矛盾点を見つけ全体の正しい席を確定する

❶図に描く

3人の発言から席替え前を考えてみる。Aの発言から次の2通りの図が考えられる。

A	B	B	A
	D	D	

次に、Fの発言の斜め前の「前」は、条件より「直前」だから、上の図と考え合わせるとCが2列目、Fが3列目と決まる。

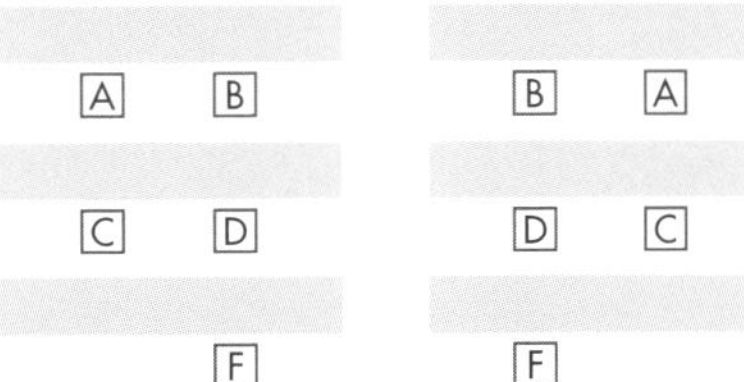

そして、Eの発言の左右の移動から、Eは左にいて、下記の席替え前の位置になる。次に席替え後は3列目の右がEで、Cの後ろがAよりCの位置は1列と2列が考えられるが、Fの発言のCはFの斜め後ろから、Cは2列目の左が確定し移動しなかったただ1人とわかる。

Fは1列目の右が決まり、ほかは移動するので下記の図が確定する。

席替え前		席替え後	
A	B	D	F
C	D	C	B
E	F	A	E

正しいのはDのみ。

練　習　問　題

問題 5

難易度★★★　制限時間 5 分

下記の図はある規則に従い次々移動する順番を示している。

Y＼X					
	42	31	12	52	43
	32	35	21	34	11
Y	25	41	51	13	22
	53	44	54	24	14
	33	23	45	55	15
	X				

各欄の数値は、十の位がX、一の位がYを表し、その位置に□で示されている数値が次の移動先になる。Xであれば左からX番目、Yであれば下からY番目を表す。それを「XY」と表す。例えば「45」の位置には52と書かれており、次に14と書かれている位置に移動する。

（1）「33」の位置から4回移動すると、どの位置になるか。

A「12」　B「15」　C「24」　D「35」　E「42」　F「51」

（2）3回移動すると「41」の位置になった。最初はどの位置になるか。

A「12」　B「21」　C「23」　D「34」　E「41」　F「51」

解答 & 解説

問題5 (1)　C「24」

解法のキーワード

「十の位がX、一の位がYを表し」に注目する

❶表と移動の規則を理解する

十の位がX、一の位がYを表すとあり、例えば左から5番目、下から3番目は「53」と表す。

X 縦軸←
Y横軸←

その「53」の位置には 22 と書かれており、次の移動先を示す。
→Y
→X

よってX（横軸）の2番目、Y（縦軸）の2番目 44 と書かれた箇所に移動する。

❷表を使って移動を示す

「33」の位置から4回移動すると
51 の記入の位置→ 15 の記入の位置→ 42 の記入の位置→ 24 の記入の位置→ 35 の記入の位置　よって、XYで表すと「24」

②42	31	12	52	43
32	④35	21	34	11
25	41	51	13	22
53	44	54	③24	14
33	23	45	55	①15

問題5 (2)　D「34」

解法のキーワード

「最初はどの位置」かを求める

❶逆戻りで考える

最初→1回→2回→3回「41」（55 と書かれた位置

42	31	12	52	43
32	35	最初 21	34	11
25	②41	51	13	22
53	44	54	24	14
33	①23	45	③55	15

❷逆まわりしていく

「41」55 と書かれた位置

②回 41 と書かれているのは「23」の位置

①回 23 と書かれているのは「21」の位置

最初 21 と書かれているのは「34」の位置

Chapter❶ 非言語

推理（順序・トーナメント）

POINT 記号を使って順序を図形化する

●AはBより早かった

A＞B

●AはBより早かったが間に1人いる

A＞□＞B

●AはBよりひとつ早かった

A⌒＞B AとBをひとかたまりとするマークをつける

例題 1

難易度★☆☆　制限時間 6 分

T、U、V、W の4人の数学のテストの順番について、以下のことがわかっている。

（Ⅰ）　U は W よりも2つ順番が良かった。

（Ⅱ）　1番良かったのはTではない。

（1）次の1、2、3の中で、必ずしも誤りとはいえないものはどれか。

1　V は3番目に良かった

2　U は3番目に良かった

3　T は3番目に良かった

A 1だけ　B 2だけ　C 3だけ　D 1と2　E 1と3　F 2と3　G 1と2と3すべて

解き方のポイント

解法のキーワード

「UはWよりも2つ順番が良かった。1番良かったのはTではない。」から求める

❶ 順序のパターンを考える

UはWよりも2つ順番が良いので、U>□>Wをひとかたまりとする。
2位、4位から順次順番を上げていき、考えられる順序のパターンを考える。

❷ 表にして考える

(Ⅰ)、(Ⅱ)から可能な順番を推定すると以下の3パターンになる。UとWをまず2位、4位として、Tを1位にしないで考える。次にUとWを1位、3位として、Tの順番を考える。1と2はどのパターンにもなく、明らかに間違い。3はパターン①が可能で、明らかに間違いではない。

	1位	2位	3位	4位
パターン①	V	U	T	W
パターン②	U	T	W	V
パターン③	U	V	W	T

答え C

(2) 上記(Ⅰ)、(Ⅱ)のほか、次の1、2、3、4のうち少なくともどの情報が加われば、4人の順番が確定するか。1つ選びなさい。

1 UはTよりも良かった　　2 VはTよりも良かった
3 TはWよりも良かった　　4 WはVよりも良かった

A 1だけ　B 2だけ　C 3だけ　D 4だけ　E 1と2　F 2と3　G 1と4

解き方のポイント

解法のキーワード

「少なくともどの情報が加われば、4人の順番が確定するか。」を求める

❶ 表をもとに考える

「少なくとも」とあり、設問の最も少ない情報で4人の順番が確定するかを上記(1)の解き方のポイント内の表に照らして検証する。「少なくともどの情報が加われば」とあり、いずれか1つの情報で確定できれば、それを選択する。
1はすべてのパターンが考えられ確定しない。
2はパターン①とパターン③が考えられ、確定しない。
3はパターン①とパターン②が考えられ、確定しない。
4はパターン②のみで順番が確定する。

答え D

練　習　問　題

問題 1

難易度★★☆　制限時間 5 分

T、U、V、W の4人の 100 m競争の順番について、以下のことがわかっている。

(I) U は W よりも早かった。

(II) T は1位でも4位でもない。

(1) 次の1、2、3の中で、必ずしも誤りとはいえないものはどれか。

1　V は1位だった
2　W は1位だった
3　V は3位だった
4　W は3位だった

A 1だけ　B 2だけ　C 3だけ　D 4だけ
E 1と3　F 1と4　G 1と3と4

(2) 上記(I)(II)のほかに、次の1、2、3のうち少なくともどの情報が加われば、4人の順番が確定するか。1つ選びなさい。

1　V は T よりも良かった
2　U は T よりも良かった
3　W は T よりも良かった

A 1だけ　B 2だけ　C 3だけ
D 1と2　E 2と3　F 1と3

解答&解説

問題1（1）　G 1と3と4

解法のキーワード

「UはWよりも早かった。Tは1位でも4位でもない。」から求める

❶2パターンで考える

「U は W よりも早かった」で順番はわかるが、その間に何人かいる可能性がある。

① U>W

② U>□>W

③ U>□>□>W

「T は1位でも4位でもない」ので、T は2位か3位である。その2パターンで考える

❷表にして考える

（Ⅰ）（Ⅱ）から可能な順番を推定すると以下の 6 つになる。

Tが1位または4位にならないように注意。

		1位	2位	3位	4位
①Tが2位パターン	イ	V	T	U	W
	ロ	U	T	V	W
	ハ	U	T	W	V
②Tが3位パターン	イ	V	U	T	W
	ロ	U	V	T	W
	ハ	U	W	T	V

上記6パターンを選択肢と確認する。

「必ずしも誤りとはいえない」とは1つでも正しいケースがあればよい。

1　V は1位だった

→パターン①②のイは V が1位であり「必ずしも誤りとはいえない」

2　W は1位だった

→すべてのパターンになく、明らかに誤り

3　V は3位だった

→パターン①のロはVが3位であり「必ずしも誤りとはいえない」

4　W は3位だった

→パターン①のハはWが3位であり「必ずしも誤りとはいえない」

よって1、3、4は必ずしも誤りとはいえない

問題1（2）　C 3だけ

解法のキーワード

「少なくともどの情報が加われば、4人の順番が確定するか。」を求める

❶下記の表に照らして検証する

		1位	2位	3位	4位
①Tが2位	イ	V	T	U	W
	ロ	U	T	V	W
	ハ	U	T	W	V
②Tが3位	イ	V	U	T	W
	ロ	U	V	T	W
	ハ	U	W	T	V

❷情報を検証する

「少なくともどの情報が加われば」とあり、いずれか1つの情報で確定できれば、それを選択する。

1　V は T よりも良かった

パターン①のイ、パターン②のイ、ロの3つが該当して確定しない

2　U は T よりも良かった

パターン①のロ、ハ、パターン②のイ、ロ、ハの5つが該当して確定しない

3　W は T よりも良かった

パターン②のハのみで4人の順番が確定する

練習問題

問題 2

難易度★★☆　制限時間 5 分

（1）社員 300 人に社員旅行の候補地として、W、Z、X、Y の4つの都市の中から1つ行きたい都市を選ぶアンケートを取ったところ、集計結果は W、Z、X、Y の順になった。同順位はなかった。
W を選んだ人が 150 人だったとすると、以下の推論ア、イ、ウのうち必ずしも誤りとはいえないものはどれか。

ア　Z を選んだのは 50 人
イ　X を選んだのは 50 人
ウ　Y を選んだのは 50 人

A アだけ　B イだけ　C ウだけ
D アとイの両方　E イとウの両方　F アとウの両方
G ア、イ、ウすべて　H ア、イ、ウのいずれも誤り

（2）200 人に W、Z、X、Y の4つの製品の中から最も好きな製品1つを選ぶアンケートを取ったところ、集計結果は W、Z、X、Y の順になった。同順位はなかった。
Zを選んだ人が 50 人だったとすると、以下の推論ア、イ、ウのうち必ずしも誤りとはいえないものはどれか。

ア　W を選んだのは 51 人
イ　X を選んだのは 49 人
ウ　Y を選んだのは 45 人

A アだけ　B イだけ　C ウだけ
D アとイの両方　E イとウの両方　F アとウの両方
G ア、イ、ウすべて　H ア、イ、ウのいずれも誤り

解答＆解説

問題2（1） B イだけ

解法のキーワード

「集計結果はW、Z、X、Yの順」である

❶矛盾がないか検証する

社員数と4つの都市の順序と第1位のWの人数が与えられている。

第1位	W	150人	順位	人数	固定
第2位	Z		順位		固定
第3位	X		順位		固定
第4位	Y		順位		固定

推論ア

第1位 W 150人
第2位 Z　50人
第3位 X　49人
第4位 Y　51人
（X、Y：社員数とXとYで100人（X、Yどちらかが50人未満でなくなり、矛盾））

Zが2位ではなくなり、明らかに誤り

推論イ

第1位 W 150人
第2位 Z　51人
第3位 X　50人
第4位 Y　49人
（Z、Y：ZとYで100人）

成り立つ。必ずしも誤りとはいえない

推論ウ

第1位 W 150人
第2位 Z　51人
第3位 X　49人
第4位 Y　50人
（Z、X：ZとXで100人（Z、Xどちらかが50人超でなくなり、矛盾））

Yが4位ではなくなり、明らかに誤り

問題2（2） E イとウの両方

解法のキーワード

「集計結果はW、Z、X、Yの順」である

❶矛盾がないか検証する

左記（1）と同様に各推論の人数を入れ矛盾がないかを検証する。

第1位	W		順位		固定
第2位	Z	50人	順位	人数	固定
第3位	X		順位		固定
第4位	Y		順位		固定

推論ア

第1位W　51人
第2位Z　50人
第3位X　49人
第4位Y　50人
（X、Y：XとYで99人（X、Yどちらかが50人未満でなくなり、また同順位はなかったにも矛盾））

Zが2位でないか同順の2位になり、明らかに誤り

推論イ

第1位W　53人
第2位Z　50人
第3位X　49人
第4位Y　48人
（W、Y：WとYで101人）

成り立つ。必ずしも誤りとはいえない

推論ウ

第1位W　56人
第2位Z　50人
第3位X　49人
第4位Y　45人
（W、X：WとXで105人）

成り立つ。必ずしも誤りとはいえない

練　習　問　題

問題 3

難易度★★☆　制限時間 5 分

（1）A、B、C、D、E、Fの6チームが、下図のトーナメントで試合を行った。次のアからウのことがわかっているとき、確実にいえることはどれか。

ア　AはDに勝った
イ　FはCに勝った
ウ　Eは準優勝だった

1　Aは2勝した
2　Bは1勝した
3　Cは1勝した
4　Dは2勝した
5　Fは優勝した

A 1だけ　　B 2だけ　　C 3だけ　　D 4だけ
E 5だけ　　F 1と3　　G 1と5　　H 3と5

（2）A、B、C、D、E、F、G、Hの8チームが、下図のようなトーナメントで野球の試合を行った。これについて、次のアからオのことがわかっている。優勝したのはどのチームか。

ア　Bは、Xブロックにおいて1回戦で敗れたが、対戦相手は優勝した
イ　GはEと同じブロックだが、Eと対戦していない
ウ　AはDと同じブロックだが、Dと対戦していない
エ　Fは、YブロックでHと対戦して敗れた
オ　CはDに勝った

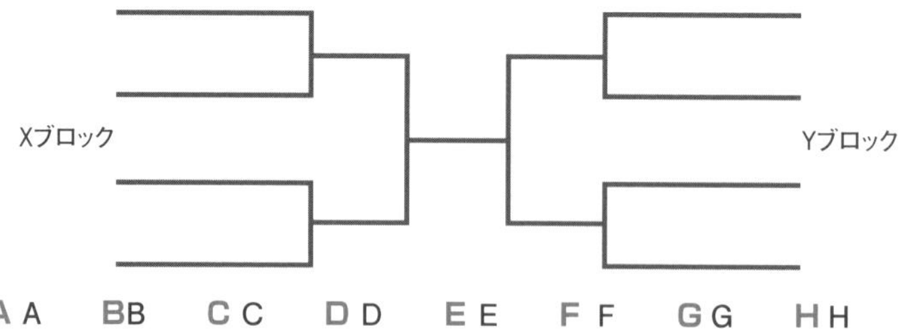

A A　　B B　　C C　　D D　　E E　　F F　　G G　　H H

解　答　&　解　説

問題3（1）　E 5だけ

解法のキーワード

「Eは準優勝だった」ことが重要

❶矛盾がないか検証する

Eが準優勝ということは、必ず決勝戦に勝ち上がっている。

AとDの対戦、FとCの対戦は決勝戦以外で行われている。

❷図を作成する

図1

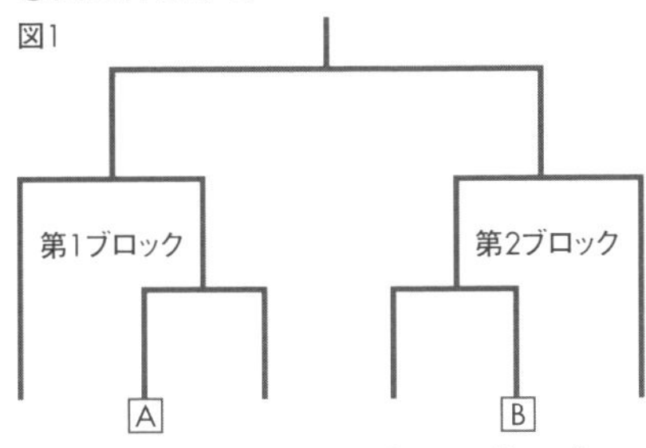

図1のトーナメント表の左側を第1ブロック、右側を第2ブロックとする。Eが準優勝したので、AとDが決勝で対戦した可能性はない。したがって、Dは第1ブロックにいることになる。次にFがCに勝つためには、決勝で対戦するか、F、Cとも第2ブロックにいなければならない。しかし、Eが準優勝なので、決勝でFとCが対戦した可能性もない。

図2

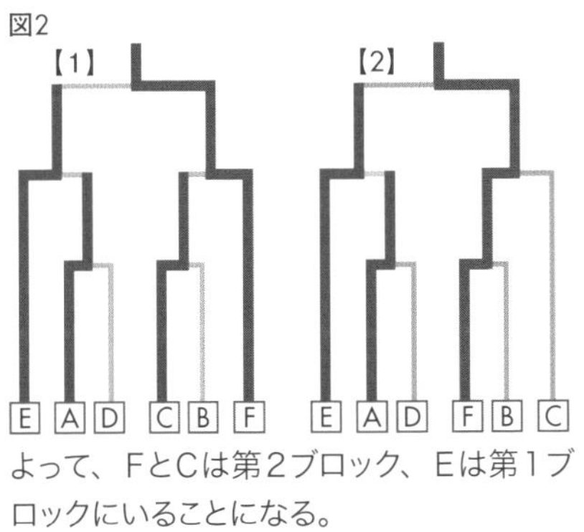

よって、FとCは第2ブロック、Eは第1ブロックにいることになる。

以上より、図2のトーナメント表【1】【2】のいずれかであることがわかる。

問題3（2）　A A

解法のキーワード

エの「Fは、YブロックでHと対戦して敗れた」から考える

❶エの条件より2パターンで考える

最初に注目するのは、エの情報。FがHと対戦したのが、1回戦である場合と2回戦である場合の2つが考えられる。その2パターンを検証していく。

❷1回戦でFとHが対戦したとするとき

FとHがYブロックにおいて1回戦で対戦したとすると、イ、ウよりGとEおよびAとDはYブロックではないことになる。しかし、アよりXブロックにはすでにBがいるので、Xブロックが5チームとなってしまい、適当ではない。

❸ 2 回戦でFとHが対戦したとするとき

FとHがYブロックにおいて2回戦で対戦したとすると、イ、ウより、GとEおよびAとDはXブロック、Yブロックのどちらかに1組ずつ入っていることになる。ここでオよりDはCと対戦したことがわかっているので、AとDがXブロック、GとEがYブロックとなる。また、AとDは対戦していないので、Bと対戦したのはAかD。ここでBの対戦相手は優勝したことと、CはDに勝ったことから、Bと対戦したのはAということになる。したがって優勝したのはAである。

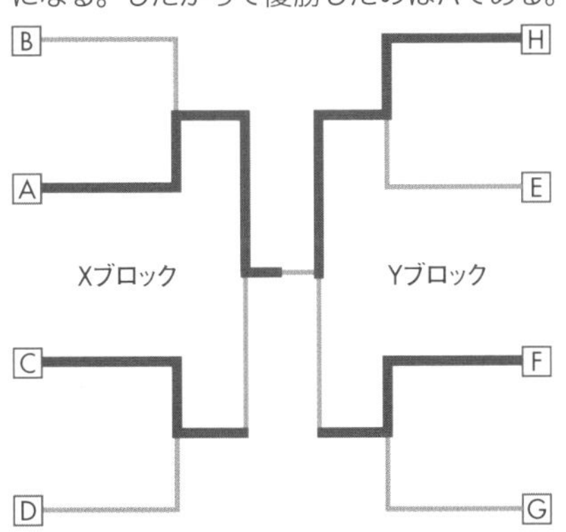

練　習　問　題

問題 4

難易度★★☆　制限時間５分

大阪、京都、奈良、滋賀、和歌山の各府県代表によるソフトボール大会が行われた。このときの試合形式は下図のようなトーナメント戦である。この試合の結果について、次のアからエのことがわかっているとき、確実にいえるのは、次の１から５のどれか。ただし、試合の組み合わせについては不明である。

ア　滋賀チームは、最初和歌山チームに勝ち、次に京都チームと対戦した。
イ　奈良チームは、最初の試合で負けてしまったが、対戦相手は優勝した。
ウ　大阪チームを破った相手は、結局2回試合をした。
エ　3回試合をしたチームはなかった。

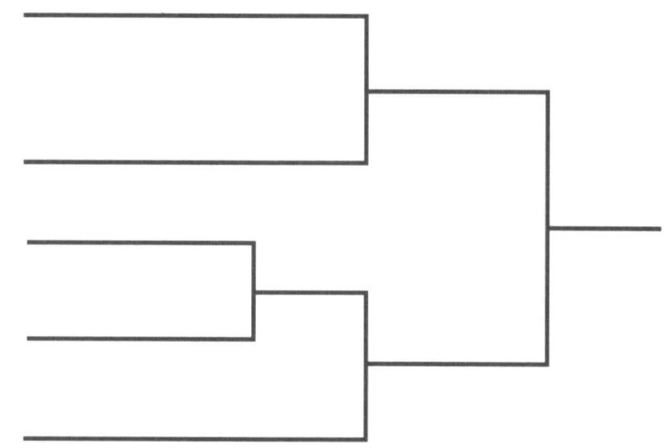

１　優勝したのは滋賀チームである。
２　奈良チームは和歌山チームと対戦した。
３　和歌山チームは大阪チームに勝った。
４　京都チームは、１回しか試合をしなかった。
５　１回しか試合をしなかったのは、奈良チームと和歌山チームである。

A 1だけ　**B** 2だけ　**C** 3だけ　**D** 4だけ　**E** 5だけ

解　答　&　解　説

問題4　C 3だけ

解法のキーワード

「3回試合をしたチームはなかった。」ことが前提にある

❶矛盾がないか検証する

次のように、トーナメント表にAからEの記号を付して組み合わせを考える。

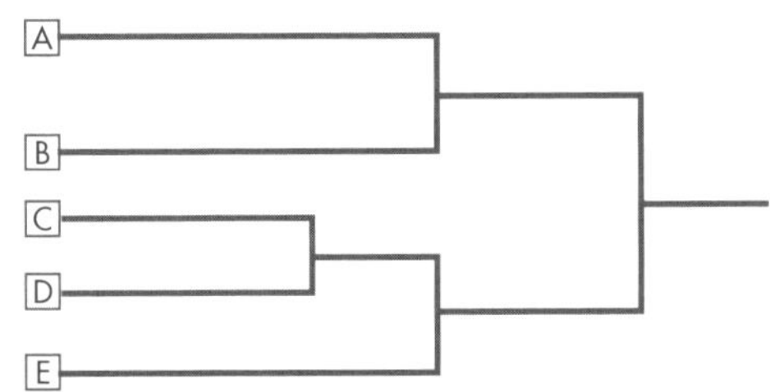

❷条件を検討する

1. まず、A対BはA、C対DはCが勝ったと仮定する。

2. このとき、Cが優勝するためには3回試合をしなければならないが、条件エより、「3回試合をしたチームはなかった」とあるため、Cは優勝していないことがわかる。したがって、優勝したのはAまたはEのいずれかであり、決勝で対戦したのはAとEということがわかる。

3. 次に、奈良チームは「最初の試合で負けた」とあるため、BまたはD、Eのいずれかであることがわかる。このときの「対戦相手は優勝した」とあることから、優勝したのはAであり、Bが奈良チームであることがわかる。

4. 一方、以下の条件文より、優勝したのは京都チーム、滋賀チームのいずれかであることがわかる。

条件アより　和歌山チームは優勝していない。
条件イより　奈良チームは優勝していない。
条件ウより　大阪チームは優勝していない。

5. 滋賀チームが優勝したとすると、3. よりAが滋賀チームとなるが、条件アより滋賀チームの「最初の対戦相手は和歌山チーム」であることから、3. に反することになる（Bは奈良チームであるため）。

以上のことから、優勝したのは京都チームであることがわかる。❶のトーナメント表を確定すると以下になる。確実にいえるのはCということになる。

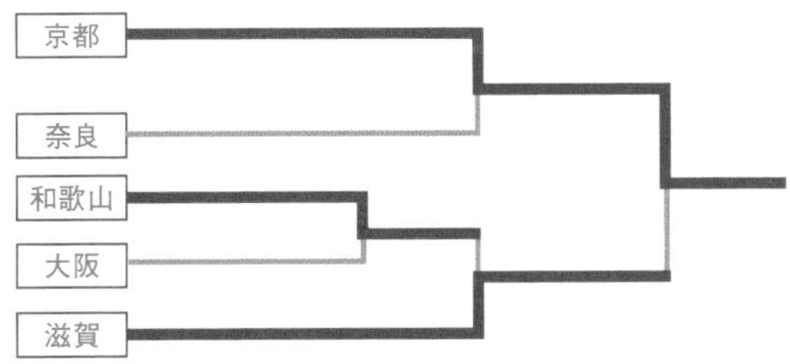

練　習　問　題

問題 5

難易度★★★　制限時間 6 分

A～Eの5人が走り幅跳びをした。1位だったのはAで、最下位はEの 3 m 10㎝であった。また、以下のことがわかっている。

・AとCの差は 80㎝
・BとEの差は 20㎝
・CとDの差は 50㎝
・A、B、C、3人の平均は 3 m 70㎝であった。

以上より、正しくいえるものは次のうちどれか。

A　AとDの記録の差は80㎝である　B　BとCの記録の差はBとEの記録の差の2倍である
C　CとDの記録の差はCとBの記録の差より30㎝長い
D　DとEの記録の差は1mである　E　2位はBである

問題 6

難易度★★★　制限時間 6 分

下図のようなコースを 20 周するサーキットレースをA～Fの6台が行った。レースの結果が以下のようにわかっている。先頭の車が走り終えてゴールしたとき、先頭の車を含めて3台が並んでゴールラインを通過し、残り3台はゴールと正反対の位置にある半周分向こう側を並んで通過していくところであった。先頭車がゴールしたときの情報として次の①から⑥のことがわかっているとき、6台を先頭から順番に並べたものとして正しいのはどれか。ただし、順位は先頭車のゴール時に周回数が多かった順とする。

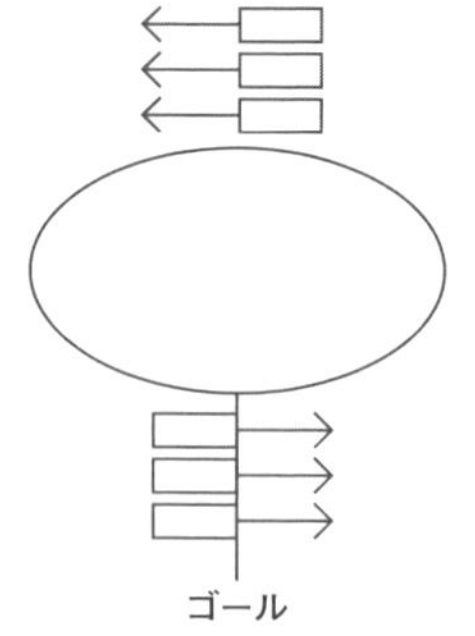

①AはCよりちょうど2周少ない周回だった。
②Cはゴールとは反対の側を
　通過していくところだった。
③Dは総合2位で、並んで走る3台の中では
　一番周回数が多かった。
④EとFの間には順位でいうと2台いる。
⑤FはCより順位が下になった。
⑥先頭と3位の車の差はちょうど1周分だった。

A　B→D→E→C→A→F　B　B→D→F→C→A→E　C　E→D→B→F→C→A
D　E→D→C→F→A→B　E　E→D→C→F→B→A

解答&解説

問題5　C CとDの記録の差はCとBの記録の差より30cm長い

解法のキーワード

「最下位はEの3m10cmであった」
Eが最下位の3m10cmでBとの差が20cmなので、Bは3m30cmである

❶Aの記録を求める

Aを $x$cmとすると、Aが1位でCとの差が 80cmなので、Cは（x － 80）cmとなる。
ここでA、B、C、3人の平均が3m 70cmなので、以下の式が成り立つ。

A　　B　　C
x ＋ 330 ＋　x － 80 ＝ 370 ×3
x ＝ 430（cm）
430 － 80 ＝ 350（cm）

❷CとDを検証する

CとDの順位については、CがDより順位が上だと仮定すると、差が 50cmより、Dは 350 － 50 ＝ 300cmとなり、Eが最下位であるという条件に合わなくなる。
よってDはCより順位が上で、350 ＋ 50 ＝ 400cmとなる。
以上より、Aは4m 30cm、Bは3m 30cm、Cは3m 50cm、Dは4m、Eは3m 10cm。
正しいものはCなる。

問題6　A B→D→E→C→A→F

解法のキーワード

「ゴールしたとき、先頭の車を含めて3台が並んでゴールラインを通過」から、
先頭がゴールしたときが条件の状況になっているので、
先頭車はゴールの側にいるが、情報から周回遅れもあり、
その3台が1位、2位、3位ではない。

❶各条件を検討する

③より、Dが並んで走る3台の中で一番周回数が多かったのだから、先頭と反対側にいることがわかる（優勝の車とは並んでいない）。
①と②より、CとCより2周少ないAはゴールの反対側にいることがわかり（AがCと逆にいるなら差はx周半になる）、先ほどのDの条件と組み合わせるとD＞C＞Aになる。
⑤より、D＞C＞F＞A、D＞C＞A＞Fが考えられるが、前者だとすると④よりE＞D＞C＞F＞A＞B（or B＞A）となり、EとCは反対の位置にいるから少なくとも半周差はなくてはならず、「ちょうど1周分」とする⑥の条件とは合わない。
したがって、D＞C＞A＞FのDとCの間にEが入って④の条件を満たし、そのEと1周分差でBが1位となる。
B＞D＞E＞C＞A＞Fが正しい順番である。

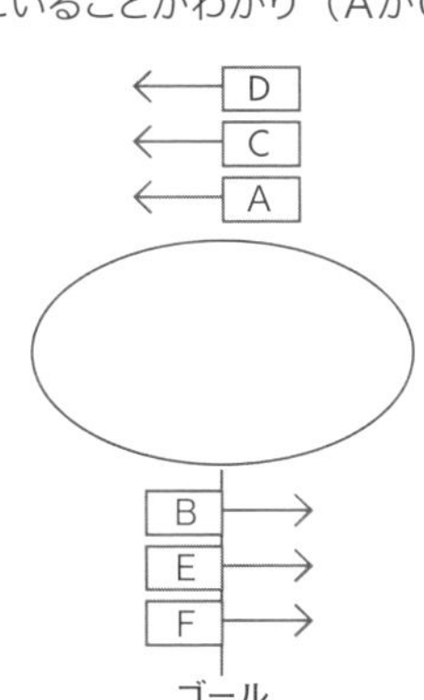

推理（論理）

POINT さまざまな言い回しに注意する

発言の正誤を導く出題パターンを覚える
SPIの論理の問題において、さまざまな表現で出題される。

●「確実にいえる」
⇒すべてにおいて正しい

●「明らかに誤り」
⇒すべてにおいて誤り

●「必ずしも正しくない」
⇒すべてにおいては正しくない。
どれか誤ったケースがある

●「必ずしも誤りでない」
⇒すべておいては誤りでない。
どれか正しいケースがある

●「どちらともいえない」
⇒与えられた資料・数値からは判断できない

例題 1

難易度★☆☆　制限時間４分

（1）あるお店のレジの中には何枚かの小銭が入っており、その内容は以下のとおりである。
①　1円と50円と100円があった。
②　1円20枚、50円10枚と100円が12枚あった。
③　少なくとも3種類の小銭があった。

次の推論ア、イ、ウのうち正しいのはどれか。

ア　①が正しければ、②も必ず正しい

イ　②が正しければ、③も必ず正しい

ウ　③が正しければ、①も必ず正しい

A アだけ　B イだけ　C ウだけ　D アとイ　E アとウ　F イとウ

G ア、イ、ウのすべて

解き方のポイント

解法のキーワード

「正しいのはどれか」という言葉に注目する

❶ ①、②、③を検討していく

①、②、③の内容は、それぞれ異なった内容をいっているのではなく、その詳しさに大小がある。その情報量や詳しさに順位をつけ、解答する。

1. ①の内容　1円、50円、100円がある
   →確実（その枚数までは不明）
2. ②の内容　1円20枚、50円10枚と100円が12枚ある
   →確実（枚数までわかっている）
3. ③の内容　少なくとも3種類の小銭がある
   →確実（その種類・枚数は不明）

よって詳しさの大小に順位をつけると②>①>③になる。

図に示すと円の内側ほど内容が詳しくなっている。

その詳しさの順位から、より詳しいものから曖昧なものは正しいといえる（円の内から外）が、その逆（円の外から内）はいえない。

②が正しければ①、③は正しいといえ、①が正しければ③も正しい。

その逆に、③は正しくとも、その種類・枚数が不明なので、①、②は必ずしも正しいとはいえない。①が正しくとも、その枚数が不明なため、②は必ずしも正しいとはいえない。

答え

B

POINT

3つの情報量に大小をつけることができない問題も出題される。その場合は個々に検証する。

練　習　問　題

問題 1

難易度★★☆　制限時間 8 分

右の表はS、T2つの都市の人口密度（1㎢当たりの人口）を示している。

市	人口密度
S	280人/㎢
T	200人/㎢

S市の面積はT市の面積の $\frac{2}{3}$ である。

（1）次の推論ア、イの正誤を考えて適切なものを1つ選びなさい。

ア　S市の人口はT市の人口より多い

イ　S市とT市を合わせた地域の人口密度は 232 人／㎢である

A アもイも正しい
B アは正しいが、イはどちらともいえない
C アは正しいが、イは誤り
D アはどちらともいえないが、イは正しい
E アはどちらともいえないが、イは誤り
F アもイもどちらともいえない
G アは誤りであるが、イは正しい
H アは誤りであるが、イはどちらともいえない
I アもイも誤り

（2）次の推論ウ、エの正誤を考えて適切なものを1つ選びなさい。

ウ　T市の人口密度がS市と同じになるには現在の人口の 1.4 倍必要である

エ　T市の面積を仮に 132㎢とするとS市の人口は 24,640 人である

A ウもエも正しい
B ウは正しいが、エはどちらともいえない
C ウは正しいが、エは誤り
D ウはどちらともいえないが、エは正しい
E ウはどちらともいえないが、エは誤り
F ウもエもどちらともいえない
G ウは誤りであるが、エは正しい
H ウは誤りであるが、エはどちらともいえない
I ウもエも誤り

解答＆解説

問題1（1）　G アは誤りであるが、イは正しい

解法のキーワード

「S市の面積はT市の面積の$\frac{2}{3}$である。」に注目する

人口密度は次の式で計算できる。

$$\frac{人口}{面積}=人口密度$$

分母の面積を仮に設定する

問題文に数値がある

面積を仮に設定することで、分子の人口が計算できる。

❶各都市の人口を計算する

各都市の面積が不明であるが、問題文から

S市の面積は、T市の面積の$\frac{2}{3}$だから、

仮にS市を2㎢とするとT市は3㎢となる。

S市の人口＝2× 280 ＝ 560

T市の人口＝3× 200 ＝ 600

したがって、 推論ア　S市の人口はT市の人口より多い→誤り

❷S市とT市を合わせた地域の人口密度を計算する

$$\frac{560+600}{2+3}=232$$

したがって、推論イ　S市とT市を合わせた地域の人口密度は 232 人 /㎢である→正しい

問題1（2）　A ウもエも正しい

解法のキーワード

「T市の人口密度がS市と同じになる」ので、T市の現在の人口密度は200人/㎢→S市の280人/㎢になる人口を計算する

❶人口密度を280人/㎢にするための人口を求める

左記（1）からT市は仮に面積を3㎢として人口は 600 となっている。

①現在の人口＝3㎢×200人/㎢＝ 600人

人口密度を 280人/㎢にするための人口

3㎢× 280人/㎢＝ 840 人

$$\frac{840}{600}=1.4$$

したがって、推論ウ「T市の人口密度がS市と同じになるには現在の人口の1.4倍必要である」→正しい

❷T市の面積を仮に132㎢としてS市の面積を求める

$$132\times\frac{2}{3}=88㎢$$

面積が 88㎢としたS市の人口は

88 × 280 ＝ 24640（人）

したがって、推論エ「T市の面積を仮に132㎢とするとS市の人口は 24640 人である」→正しい

よって推論ウ・エとも正しい。

練　習　問　題

問題 2

難易度★★★　制限時間 6 分

右の表はS、T、Uの3つの食塩水の濃度を示している。SとUは食塩水の重さが等しく、それぞれTの重さの半分である。

食塩水	濃度
S	5%
T	7.5%
U	10%

（1）次の推論ア、イの正誤を考えて適切なものを1つ選びなさい。

ア　SとUの食塩水に含まれる食塩の重さはTの食塩の重さと等しい

イ　S、T、Uの3つの食塩水を混ぜた濃度は、混ぜる前のTの濃度と等しい

A アもイも正しい

B アは正しいが、イはどちらともいえない

C アは正しいが、イは誤り

D アはどちらともいえないが、イは正しい

E アはどちらともいえないが、イは誤り

F アもイもどちらともいえない

G アは誤りであるが、イは正しい

H アは誤りであるが、イはどちらともいえない

I アもイも誤り

（2）次の推論ア、イの正誤を考えて適切なものを1つ選びなさい。

ア　Uの食塩水にその食塩水と同じ重さの水を入れるとSと同じ濃度になる

イ　Sの食塩水に含まれる水の半分を蒸発させるとUの濃度と等しくなる

A アもイも正しい

B アは正しいが、イはどちらともいえない

C アは正しいが、イは誤り

D アはどちらともいえないが、イは正しい

E アはどちらともいえないが、イは誤り

F アもイもどちらともいえない

G アは誤りであるが、イは正しい

H アは誤りであるが、イはどちらともいえない

I アもイも誤り

解　答　＆　解　説

問題2（1）　A アもイも正しい

解法のキーワード

「SとUは食塩水の重さが等しく、それぞれTの重さの半分」に注目

$$濃度 = \frac{食塩}{食塩水}$$

問題文に数値がある

分母の食塩水の重さを仮に設定する

食塩水の重さを仮に設定すると、分子の食塩の重さが計算できる。

❶各食塩水の食塩の重さを計算する

各食塩水の重さが不明であるが、問題文からSとUの食塩水の重さは、Tの $\frac{1}{2}$ だから仮にSとUの食塩水の重さを100（g）とするとTは200（g）となる。

食塩水	食塩水の重さ(g)	濃度	食塩の重さ(g)
S	100	0.05	5
T	200	0.075	15
U	100	0.10	10

❷SとUの食塩の重さを計算する

5＋10＝15（g）

Tの食塩の重さと同一になる。

したがって推論ア　SとUの食塩水に含まれる食塩の重さはTの食塩の重さと等しい→正しい

❸3つの食塩水を混ぜたときの濃度を計算する

$$\frac{5 + 15 + 10}{100 + 200 + 100} = 0.075 \rightarrow 7.5\%$$

混ぜる前のTの濃度と同一。

したがって推論イ　S、T、Uの3つの食塩水を混ぜた濃度は、混ぜる前のTの濃度と等しい→正しい

問題2（2）　C アは正しいが、イは誤り

解法のキーワード

「水の半分を蒸発させる」に注目する

推論イにおいて「水の半分を蒸発させる」とある。「食塩水＝水の重さ＋食塩の重さ」から、Sの食塩水100gは水95g＋食塩5gから構成されている。

❶Uの食塩水100gに同じ重さの水100gを加えた濃度を計算する

$$\frac{10}{100 + 100} = 0.05 \rightarrow 5\%$$

Sの食塩水と同じ濃度になる。

推論ア　Uの食塩水にその食塩水と同じ重さの水を入れるとSと同じ濃度になる→正しい

❷Sの食塩水100gに含まれる水を計算する

食塩水は食塩＋水だから

100－5＝95（g）

その水を半分蒸発させるわけだから、

$$95 \times \frac{1}{2} = 47.5\ (g)$$

新しい濃度

$$\frac{5}{5 + 47.5} = \frac{5}{52.5} = 0.0952\cdots \rightarrow 約9.5\%$$

よってUの濃度10%とは等しくならない。

推論イ　Sの食塩水に含まれる水の半分を蒸発させるとUの濃度と等しくなる→誤り

練　習　問　題

問題 3

難易度★☆☆　制限時間 6 分

ある会社が4つの店舗でレストランを経営している。この4店舗の年間売上合計は過去3年間、毎年前年比 20%ずつ増加している。
次の推論ア、イの正誤を考えて適切なものを1つ選びなさい。

ア　この 3 年間、年間売上高を 70%以上増加させた店舗と70%までは増加しなかった店舗は同数である
イ　この企業の利益は3年前と比較して 70%以上増加した

A アもイも正しい
B アは正しいが、イはどちらともいえない
C アは正しいが、イは誤り
D アはどちらともいえないが、イは正しい
E アはどちらともいえないが、イは誤り
F アもイもどちらともいえない
G アは誤りであるが、イは正しい
H アは誤りであるが、イはどちらともいえない
I アもイも誤り

問題 4

難易度★★★　制限時間 4 分

右の表はS、T、U、Vの国語と数学の各 10 点満点のテスト結果の一部である。TとVの国語と数学の合計点数は同一、またSとUの合計点数も同一である。そのTとVの平均点とSとUの平均点の差は2点である。

氏名	国語	数学	平均点
S	6		
T	4	6	5
U		3	
V			

（1）次の推論ア、イの正誤を考えて適切なものを1つ選びなさい。
ア　Vの国語の点数は9点以下である
イ　Sの数学の点数は8点である

A アもイも正しい
B アは正しいが、イはどちらともいえない
C アは正しいが、イは誤り
D アはどちらともいえないが、イは正しい
E アはどちらともいえないが、イは誤り
F アもイもどちらともいえない
G アは誤りであるが、イは正しい
H アは誤りであるが、イはどちらともいえない
I アもイも誤り

問題3　F アもイも どちらともいえない

❶アの推論を検討する

$1.2^3 > 1.7$ より４店舗の売上合計では70%以上の増加はあったが、各店舗の数値まではわからず、70%を上回った店舗数などは不明。同数かも知れないし、1店舗のみ突出して伸び、後は減少も考えられる。よって推論アはどちらともいえない。

❷イの推論を検討する

４店舗の売上は70%以上の増加の計算はできたが、利益は売上（収益）－経費（費用）で計算するため、不明。資料がないため、計算ができないが間違いとも言えない。よって推論イはどちらともいえない。

問題4（1）　E アはどちらともいえないが、イは誤り

解法のキーワード

「TとVの国語と数学の合計点数は同一」に注目する

Tの合計点数が10点と示されており、Vも10点になるケースを考える。

❶合計点数が10点になるケースを考える

TとVの国語と数学の合計点数は同一だから、Vも合計点数は10点。

国語の点数が9点以下のとき、次のように数学の点数次第で合計は10になる。

国語	9	8	7	6	5	4	3	2	1	0
数学	1	2	3	4	5	6	7	8	9	10
合計	10	10	10	10	10	10	10	10	10	10

しかし国語が10点で数学が0点のケースもあり、したがって、推論ア　Vの国語の点数は9点以下である

→どちらともいえない

解法のキーワード

「TとVの平均点とSとUの平均点の差は2点である」に注目する

1. SとUの合計点数が同一点数で、Sの国語の点数6点とUの数学の点数3点がわかっている。

2. またTとVの平均点数とSとUの平均点数の差は2点とわかっている。

1. と2. の両者が成り立つケースを考える。

❷平均点数の差は2点を考える

TとVの平均点数とSとUの平均点数の差は2点、TとVの平均点5点からSとUの平均点は3点か7点。両方のケースで計算してみる。

Ⅰ）平均点3点

	S	U
国語	6	3
数学	0	3
合計	6	6
平均	3	3

Ⅱ）平均点7点

	S	U
国語	6	11（10点満点に矛盾する）
数学	8	3
合計	14	14
平均	7	7

SとUの合計点数は同一で14点は矛盾し、Sの数学の点数は0点（平均点3点）になる。したがって、推論イ　Sの数学の点数は8点である→誤り

練　習　問　題

問題 5

難易度★★☆　制限時間 6 分

（1）A、B、C、Dの4人はそれぞれ1組、2組、3組、4組のいずれかに所属している。次のことがわかっている。

ア　Aは１組でも２組でもない
イ　Dは１組か２組のいずれかである
ウ　Bは２組でも４組でもない
エ　２組に所属しているのはＡかＤのいずれかである
オ　Cは２組か４組のいずれかである

以上のことから、確実にいえることはどれか。

1　Dは４組である
2　Cは４組である
3　Cは３組である
4　Bは２組である
5　Aは４組である

A 1だけ　B 2だけ　C 3だけ　D 4だけ　E 5だけ　F 1と2　G 2と4

（2）A、B、C、Dの4人の大学生について、次のことがわかっている。

・法学部、経済学部、文学部、商学部の学生が各1人ずついる
・1年生、2年生、3年生、4年生が各1人ずついる
・Aは商学部ではない
・Bは法学部であるが、3年生ではない
・Cは文学部である
・Dは2年生である
・経済学部の学生は3年生である

以上のことから確実にいえることはどれか。

1　Dは経済学部である
2　Bは4年生である
3　文学部の学生は、１年生である
4　Cは1年生である
5　商学部の学生は2年生である

A 1だけ　B 2だけ　C 3だけ　D 4だけ　E 5だけ　F　1と3　G 2と5

解　答　&　解　説

問題5（1）　B 2だけ

解法のキーワード

「いずれかに所属している」ものを求める

❶表に〇×をつける

与えられた情報を表にして該当する組に〇×をつけて検証する。ただし、確実な情報のみを入れ、唯一の〇を推理する。例えばイ「Dは1組か2組のいずれかである」→3組、4組は確実に×

確実なものを入れると表1のようになる。するとCが4組、Dの2組が確定する。

表1

	1組	2組	3組	4組
A	×	×		
B		×		×
C	×		×	〇
D		〇	×	×

次に、Dは1組ではないのでBが1組になり、Aが3組とわかる（表2参照）

表2

	1組	2組	3組	4組
A	×	×	〇	×
B	〇	×	×	×
C	×	×	×	〇
D	×	〇	×	×

以上により、「Cは4組である」が正しい。

問題5（2）　E 5だけ

解法のキーワード

「各1人ずついる」場合を推理する

❶条件を表にする

各学部の学生が各1人ずついる、各学年が各1人ずついるから、左記（1）と同様に学部・学年の唯一の〇を推理する。

条件を順に表にすると次のようになる。

	法	経	文	商	1年	2年	3年	4年
A	×	〇	×	×	×	×	〇	×
B	〇	×	×	×	?	×	×	?
C	×	×	〇	×	?	×	×	?
D	×	×	×	〇	×	〇	×	×

上記表の結果、BとCのどちらかが1年と4年であるが確定はしない。

❷確実にいえるものを選択する

選択肢から確実にいえる内容を選択する。

Dは経済学部である
→商学部
Bは4年生である
→1年か4年
文学部の学生は、1年生である
→1年か4年
Cは1年生である
→1年か4年
商学部の学生は2年生である
→正しい

練　習　問　題

問題 6

難易度★★★　制限時間 6 分

青森さん、秋田さん、山形さん、岩手さん、宮城さんの5人が、クリスマスにプレゼントの交換をしました。そのとき、次のようなことがわかっています。

① 5人とも、自分のプレゼントは受け取らなかった。
② 青森さんの受け取ったものは、山形さんのプレゼントではなかった。
③ 秋田さんの受け取ったものは、山形さんのプレゼントではなかった。
④ 山形さんは秋田さんか宮城さんのプレゼントを受け取った。
⑤ 岩手さんは青森さんか秋田さんのプレゼントを受け取った。
⑥ どの2人も互いに相手のプレゼントを受け取ることはなかった。

（1）山形さんのプレゼントを受け取ったのは誰ですか。

A 青森さん　B 秋田さん　C 岩手さん
D 宮城さん　E 誰もいない　F 誰ともいえない

（2）秋田さんは誰のプレゼントを受け取りましたか。

A 青森さん　B 山形さん　C 岩手さん
D 宮城さん　E 誰もいない　F 誰ともいえない

解答 & 解説

問題6（1）　D 宮城さん

解法のキーワード

「山形さんのプレゼントを受け取ったのは誰」かを検討する

❶表にまとめる

この推理問題は、まずわかっていることがらをもとにして、「ありうること（起こる可能性があるもの）」「絶対にありえないこと」を表にまとめる。特に「絶対にありえないこと」を消していく。

例えば、青森は、①より自分から、②より山形から受け取っていないので、表の縦の列で、「青森」「山形」に×を記入。山形は、④より秋田か宮城から受け取ったので、表の縦の列で、「秋田」「宮城」に△を、ほかには×を記入。

相手＼自分	青森	秋田	山形	岩手	宮城
青森	×		×	△	
秋田		×	△	△	
山形	×	×	×	×	
岩手			×	×	
宮城			△	×	×

❷条件をもとに検討する

山形さんの列を横に見ていくと、山形さんがあげることができるのは、宮城さんだけになる。

問題6（2）　C 岩手さん

解法のキーワード

「秋田さんは誰のプレゼントを受け取ったか」を検討する

⑥の条件から、どの2人も互いに相手のプレゼントを受け取ることはなかった。

❶（1）を参考にする

上記（1）より、山形→宮城が決まったので、宮城→山形はありえない。

❷表を作成する

したがって、山形さんが受け取ったのは秋田さんのプレゼントと決まる（④山形は秋田か宮城のプレゼントを受け取った。の条件より）。

ここまでを表にする。

相手＼自分	青森	秋田	山形	岩手	宮城
青森	×		×	△	×
秋田		×	○	△	×
山形	×	×	×	×	○
岩手			×	×	×
宮城			×	×	×

秋田さんのプレゼントは山形さんが受け取ったので、秋田→岩手もありえなく、すると⑤の条件（岩手は青森か秋田のプレゼントを受け取った）より、岩手さんは青森さんのプレゼントを受け取ったことになる。

これより、岩手さんのプレゼントを受け取るのは、青森さん、秋田さんのいずれかとなるが、青森→岩手なので、岩手→青森はなくなり、秋田さんだけが残る。

結局、本問でのプレゼントの交換は次のようになる。

山形→宮城
青森→岩手
岩手→秋田
秋田→山形
宮城→青森

集合

POINT A、Bの両方に該当する部分(18人)を重ね合わせる

<ベン図の作成方法>
①外枠の四角を全体の人数(100人)とする。
②Aの集合(26人)の円を書く。
③Bの集合(51人)の円を書く。
④2つの円以外の部分はA、Bに該当しない人数を表せる。

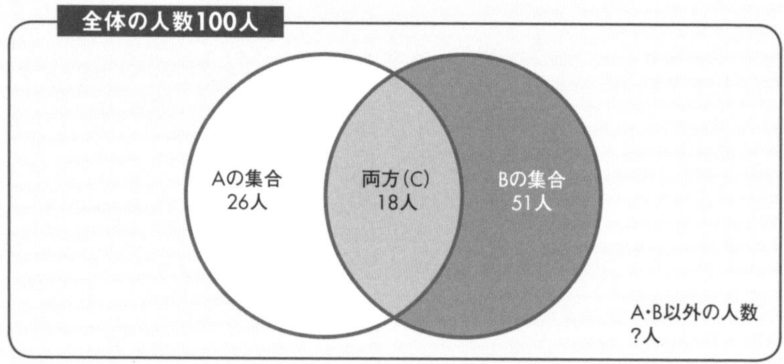

全体の人数−(A+B−C)=A、B以外の人数
100−(26+51−18)=41人
(重なり合うCはA、B両方に含まれており控除することに注意)

例題 1

難易度★☆☆　制限時間 2 分

ある幼稚園において園児 50 人に好きな運動についてのアンケートを取った。その結果、鉄棒が好きな人は 24 人、縄跳びが好きな人は 30 人、どちらも好きな人は 12 人だった。鉄棒も縄跳びも好きでない人は何人か。

A 6人　**B** 7人　**C** 8人　**D** 9人　**E** 10人　**F** 11人　**G** 12人　**H** 13人

解き方のポイント

解法のキーワード

どちらも好きな人（両方好き）12人はベン図の2つの集合が重なった部分

両方好きでない＝全体−（鉄棒が好き＋縄跳びが好き−両方好き）

❶ ベン図を書いて計算する

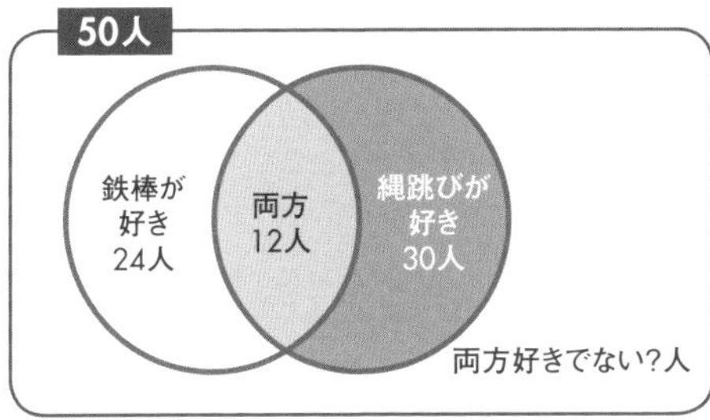

50−（24+30−12）＝8人

答え **C**

例題 2

難易度★☆☆　制限時間 2 分

40 人の生徒に数学と英語の試験を行った。数学の合格者は 20 人、英語の合格者は 28 人、2科目ともに不合格であったものは5人であった。2科目とも合格したものは何人か。

A 9人　B 13人　C 16人　D 18人　E 21人　F 25人　G 28人　H 32人

解き方のポイント

解法のキーワード

「2科目とも合格した」はベン図の2つの集合が重なった部分

❶ 2つの集合が重なった部分をxとしてベン図を作成する

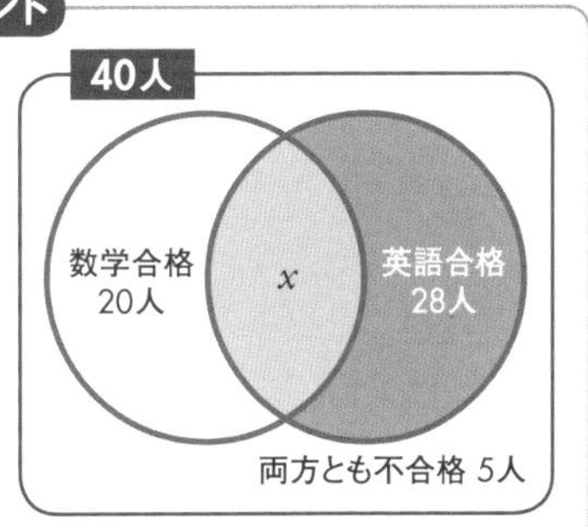

$40-(20+28-x)=5$

$x+40-20-28=5$

$x=13$人

答え **B**

練　習　問　題

問題 1

難易度★★☆　制限時間 6 分

ある地区で読んでいる新聞の調査をしたところ、P紙を購読しているのは60%、Q紙を購読しているのは 50%、両方を購読しているのは 30%でした。どちらも購読していないのは8世帯であった。この地区の世帯数はいくつですか。

A 36世帯　B 40世帯　C 45世帯　D 48世帯
E 52世帯　F 55世帯　G 66世帯　H AからGに正解なし

問題 2

難易度★★☆　制限時間 6 分

ある小学校の 300 人に雑誌P、Q、Rを購読しているか調査を行った。雑誌Pを購読しているのが 230 人、雑誌Qを購読しているのが 98 人、雑誌Rを購読しているのが 110 人であった。また、3誌を購読している人が 25 人、3誌とも購読していない人が 10 人だった。

（1）P、Q誌の2誌だけを購読しているのが 42 人でした。R誌のみ購読しているのは何人ですか。

A 17人　B 22人　C 24人　D 29人
E 33人　F 38人　G 40人　H AからGに正解なし

（2）（1）のとき、Q誌のみ購読しているのが 21 人とわかった。P誌のみ購読しているのは何人ですか。

A 34人　B 52人　C 67人　D 88人
E 117人　F 123人　G 134人　H AからGに正解なし

解答＆解説

問題1　B 40世帯

解法のキーワード

「どちらも購読していないのは8世帯」。ベン図は%の数値で作成して、2つの集合以外が両紙とも読んでいない8世帯となる

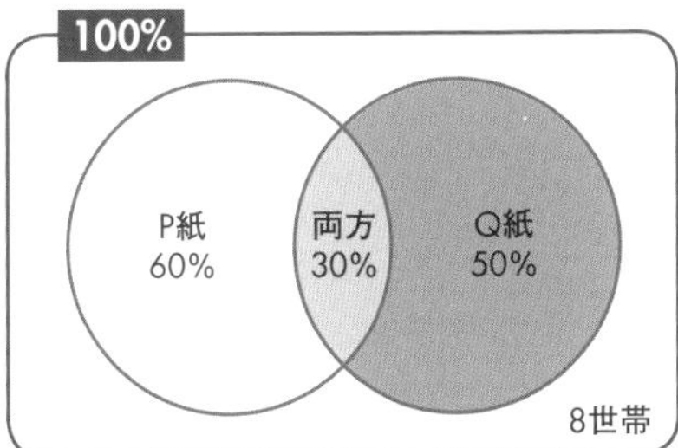

❶両紙とも読んでいない割合を計算する

100%−(60%+50%−30%)=20%

❷この世帯の世帯数を計算する

上記の20%が8人に当たるので、
世帯数をxとして計算式を立てる

$0.2x=8$

$x=8\div0.2=$40世帯

問題2(1)　D 29人

解法のキーワード

「3誌を購読している人が25人、3誌とも購読していない人が10人」

3つの集合の問題。3つの円が重なっているGが25人、3つの円以外が10人としてベン図を作成する。

❶ベン図を作成する

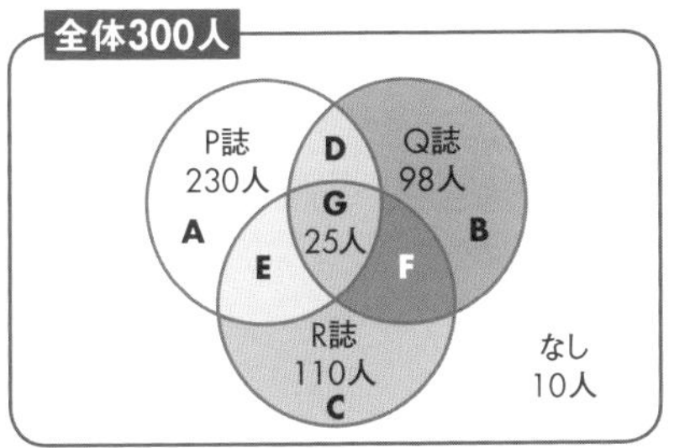

❷R誌のみを計算する

R誌のみは図のCに当たる。
全体−(P誌+Q誌−D−G)=
R誌のみ(C)+3誌とも購読していない人
P、Q誌の2誌だけ購読しているのがD=42、G=25から
300−(230+98−42−25)=C+10
300−261=C+10
C=29人

問題2(2)　E 117人

解法のキーワード

Q誌のみ購読から求める

P誌のみは図のAに当たる。
P誌全体230−(D+G+E)=P誌のみ
D、Gはすでに42、25とわかっているので、以下でEを計算する。

❶まず Fを計算する

追加でQ誌のみ購読(B)が21人とわかり、Fを計算する。
F=Q誌−B−D−G
F=98−21−42−25
F=10

❷R誌全体110からEを計算する

【R誌】
110=C+E+G+Fから
110=29+E+25+10
E=46

❸P誌全体230からAを計算する

【P誌】
230=A+E+G+Dから
230=A+46+25+42
A=117人

練　習　問　題

問題 3

難易度★★★　制限時間 6 分

ある会社で野球チームを新たにつくるためメンバーを募集したところ 60 人が集まりました。今まで経験のあるすべてのポジションを調査した結果は以下の通りです。 未経験者が4人いました。

投手　　28 人
内野手　35 人
外野手　30 人

そのうち、
投手と内野手の両方とも経験がある者は 19 人
内野手と外野手の両方とも経験がある者は 10 人
投手と外野手の両方とも経験がある者は 16 人

（1）投手と外野手の2カ所のみ経験がある者は何人か。

A 7人　B 8人　C 9人　D 10人　E 11人　F 12人

（2）3つのポジションとも経験のある者は何人か。

A 1人　B 3人　C 5人　D 6人　E 8人　F 12人

（3）投手のみ経験がある者は何人か。

A 0人　B 1人　C 2人　D 3人　E 4人　F 5人

問題3（1） B 8人

解法のキーワード

すべてのポジション未経験者が4人

❶重複回答ということを確認する

すべてのポジションのアンケートなので重複回答により、以下の人数を合計すると60人を超える。

投手　28人
内野手　35人
外野手　30人

❷ベン図を作成する

3つの集合の問題。3つの円以外が未経験者4人としてベン図を作成する。

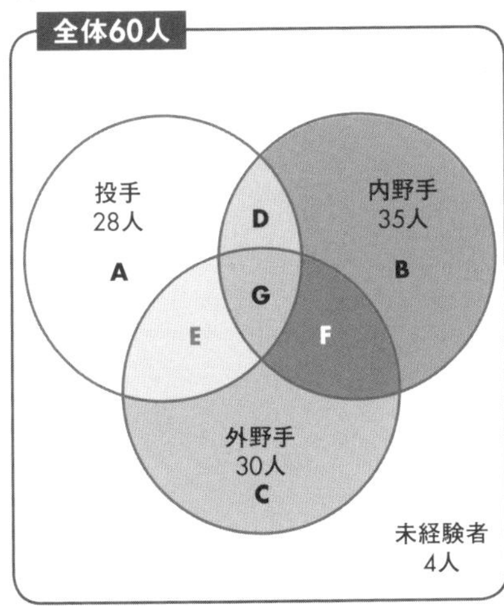

❸図のEを求める

投手と外野手の2カ所のみは図のEに当たる。

投手と内野手の両方とも経験がある者（D、G）は19人とわかっている。

全体－（投手＋内野手－D－G）＝
外野手のみ（C）＋未経験者4
60－（28＋35－19）＝C＋4
C＝12
外野手全体－（C＋G＋F）＝E
30－（12＋10）＝8人

問題3（2） E 8人

解法のキーワード

すべてのポジション経験者GはE+GからEを引く

❶ベン図の一部分を引く

Gを求めるため、Eを引く。

すべてのポジション経験者（G）＝
16人（E＋G）－8人（E）＝8人

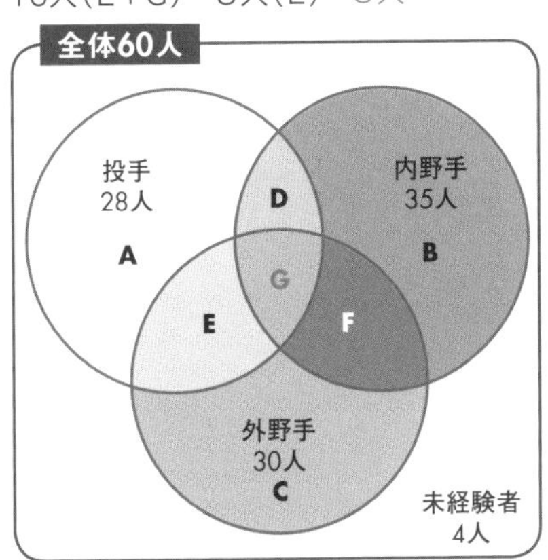

問題3（3） B 1人

解法のキーワード

投手のみは図のAに当たる

❶投手全体からAを求める

投手全体－（E＋D＋G）＝28－（8＋19）
＝1人

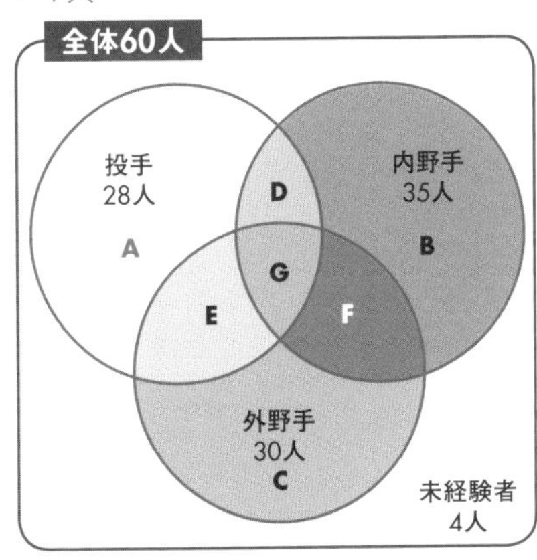

練　習　問　題

問題 4

難易度★★☆　制限時間 5 分

小学生 300 人に旅行についてのアンケート調査を行ったところ、次のような結果になった。

質問事項		回答	
		はい	いいえ
北海道について	行ったことがありますか	160	140
	好きですか	210	90
沖縄について	行ったことがありますか	250	50
	好きですか	270	30

（1）「北海道にも沖縄にも行ったことがある」と答えた人が 118 人いた。「北海道にも沖縄にも行ったことはない」と答えた人は何人いましたか。

A 2人　B 6人　C 8人　D 10人
E 16人　F 20人　G 24人　H 37人

（2）「北海道に行ったことがあり、かつ北海道が好きだ」と答えた人が 120 人いた。「北海道に行ったことがなく、北海道が好きでない」と答えた人は何人いましたか。

A 20人　B 50人　C 90人　D 110人
E 150人　F 190人　G 240人　H 270人

（3）「北海道にも沖縄にも行ったことはない」と答えた人が 20 人いた場合、「北海道と沖縄のどちらか一方に行った」と答えた人は何人いましたか。

A 20人　B 40人　C 60人　D 120人
E 150人　F 190人　G 200人　H 340人

解答＆解説

問題4（1）　C 8人

解法のキーワード

「北海道にも沖縄にも行ったことがある」という2つの質問に両方「はい」と回答した人が118人いる

❶ベン図をもとに求める

北海道にも沖縄にも行ったことのない＝全体－（北海道に行った＋沖縄に行った－両方はい）

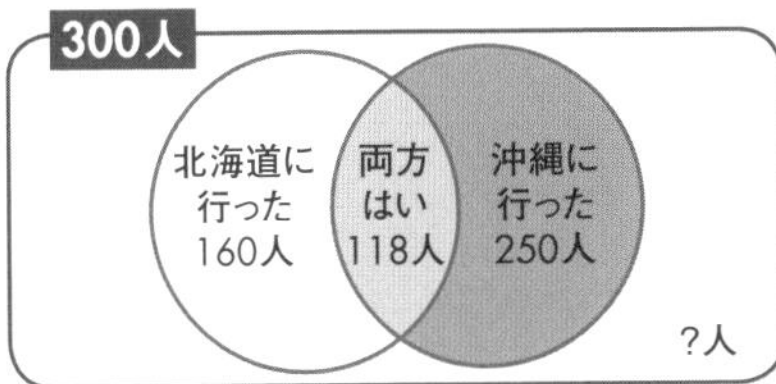

300－(160＋250－118)＝8人

問題4（2）　B 50人

解法のキーワード

「北海道に行ったことがあり、かつ北海道が好きだ」。2つの質問に両方「はい」と回答した人が120人

❶ベン図を作成する

北海道に行ったことがなく、北海道が好きでない人＝全体－（北海道に行った＋北海道が好き－両方はい）

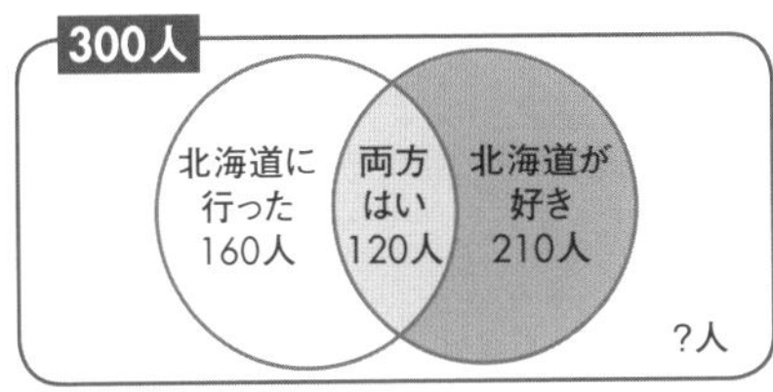

300－(160＋210－120)＝50人

問題4（3）　E 150人

解法のキーワード

「北海道にも沖縄にも行ったことはない」

問題文に与えられた数値は、北海道にも沖縄にも行ったことはない数の20人

もし北海道にも沖縄にも行った数xが与えられていれば、北海道と沖縄のどちらか一方に行った数は以下で計算できる。

北海道に行った160人－x＝北海道だけ行った

沖縄に行った250人－x＝沖縄だけ行った

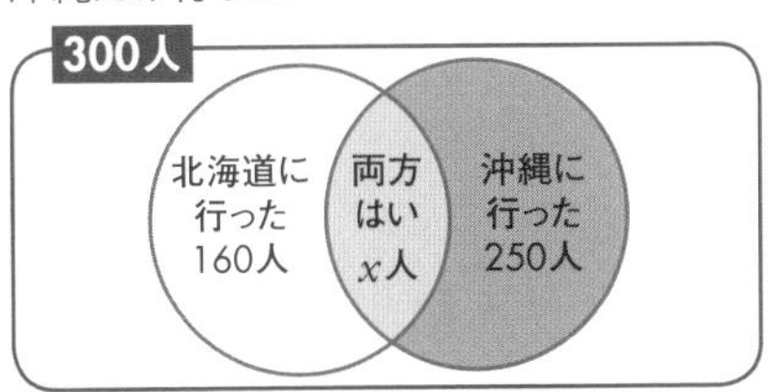

❶問題文に合ったベン図を作成する

北海道にも沖縄にも行ったことはない数が与えられており、以下のベン図を作成する。

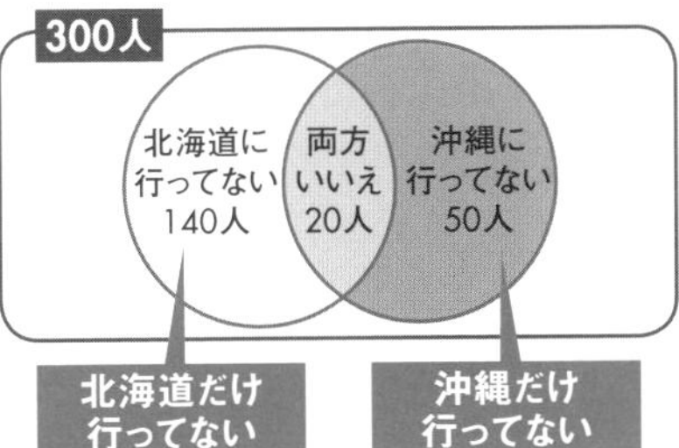

❷どちらか一方に行った数を求める

北海道と沖縄のどちらか一方に行った数は、

北海道に行ってない－両方行ってない＝北海道だけ行ってない
→沖縄には行った
140－20＝120人

沖縄に行ってない－両方行ってない＝沖縄だけ行ってない
→北海道には行った
50－20＝30人

120＋30＝150人

練　習　問　題

問題 5

難易度★★☆　制限時間 5 分

小学生 400 人に旅行についてのアンケート調査を行ったところ、次のような結果になった。

質問項目	アンケート結果
旅行は好きですか	はい 325人　いいえ 75人
沖縄に行ったことはありますか	はい 260人　いいえ 140人
北海道に行ったことはありますか	はい 110人　いいえ 290人

（1）旅行が好きだと答えた人で沖縄に行ったことがあると答えた人は150 人でした。旅行は好きではないと回答した人で沖縄に行ったことのある人は何人ですか。

A 44人　B 56人　C 98人　D 110人　E 130人　F 146人

（2）沖縄に行ったことはない人の 70％の人が北海道にも行ったことがないと答えました。沖縄にも北海道にも行ったことのある人は何人ですか。

A 13人　B 23人　C 35人　D 56人　E 68人　F 80人

（3）（2）のとき、沖縄か北海道のどちらか1カ所に行ったことのある人の合計は何人ですか。

A 42人　B 65人　C 125人　D 234人　E 265人　F 301人

解答＆解説

問題5（1） D 110人

解法のキーワード

「旅行が好きだと答えた人で沖縄に行ったことがあると答えた人」

❶ベン図を作成する

「旅行が好きだ」と答えた人で沖縄に行ったことがある人は、両方の質問に「はい」と回答した人である。

重なった部分を150人で以下のベン図を作成する。

沖縄に行った－両方＝旅行は好きではないが沖縄に行った

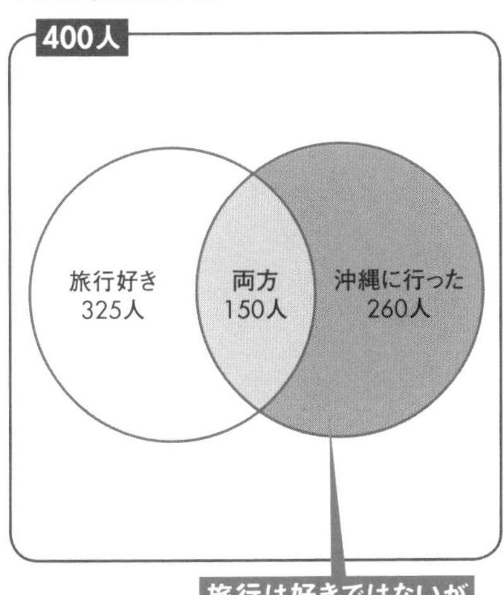

260人－150人＝110人

問題5（2） E 68人

解法のキーワード

「沖縄に行ったことはない人の70％の人が北海道にも行ったことがない」
沖縄に行ったことはない人は140人
140×70％＝98人が両方ない

❶ベン図を作成する

沖縄にも北海道にも行ったことのある人は2つの円以外の部分

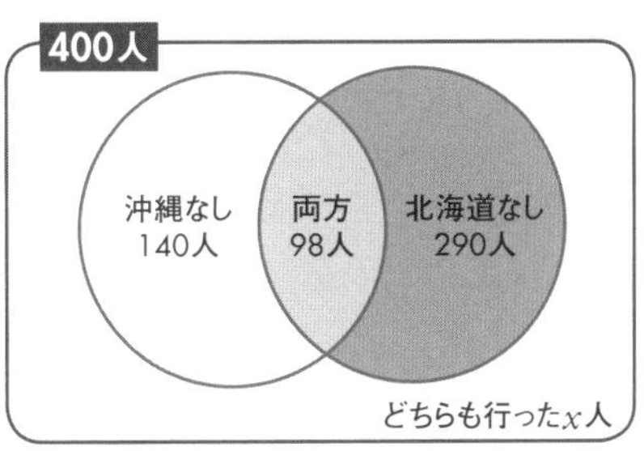

❷「沖縄に行ったことはない」かつ「北海道に行ったことがない」人数を求める

140人×0.7＝98人

400－(140＋290－98)＝68人

問題5（3） D 234人

解法のキーワード

「沖縄か北海道のどちらか1カ所に行った」場合を求める

❶ベン図をもとに求める

・98人が両方ない

・68人が両方ある

どちらか1カ所に行ったかは、それぞれの円の重なっていない部分

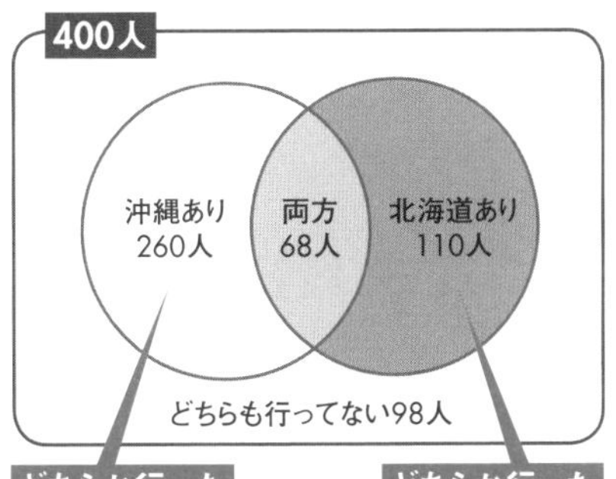

沖縄のみ行った人数

260－68＝192人

北海道のみ行った人数

110－68＝42人

合計　192＋42＝234人

練　習　問　題

問題 6

難易度★★★　制限時間 5 分

男子 100 人、女子 100 人の合計 200 人にアンケート調査を行ったところ、次のような結果になった。

	行ったことがある	行ったことがない
東京タワー	92人	108人
スカイツリー	125人	75人

(1) 東京タワーに行ったことがない女子は 51 人でした。
東京タワーに行ったことのある男子は何人ですか。

A 15人　B 25人　C 35人　D 43人　E 53人　F 57人

(2) スカイツリーに行ったことがない男子は 30 人でした。そのうち東京タワーには行ったことのある男子と行ったことがない男子は同数でした。東京タワーとスカイツリーのどちらにも行ったことのある男子は何人ですか。

A 13人　B 18人　C 22人　D 24人　E 26人　F 28人

(3) スカイツリーに行ったことがある女子の 40%が東京タワーには行ったことがある。東京タワー、スカイツリーのどちらにも行ったことのない女子は何人ですか。

A 3人　B 13人　C 15人　D 18人　E 20人　F 21人

解答＆解説

問題6（1）　D 43人

解法のキーワード

「東京タワーに行ったことがない女子は51人」

東京タワーに行ったことがない女子51人
⇔行ったことがある女子49人
（100−51＝49人）
東京タワーに行ったことがない女子51人
⇔行ったことがない男子57人
（108−51＝57人）

❶以下の図を作成して解答する

<東京タワー>

	行った 92人	行ってない 108人
男子 100人	x人	57人
女子 100人	49人	51人

東京タワーに行った男子
100−57＝43人
（または92−49＝43人）

問題6（2）　F 28人

解法のキーワード

「そのうち東京タワーには行ったことのある男子と行ったことがない男子は同数」

「そのうち」、つまりスカイツリーに行ったことがない男子 30 人のうち、東京タワーに行ったことがある数とない（両方ない）数が同数（15 人）

❶図を作成する

スカイツリーに行ったことがない男子30人から下記の図を作成できる。

<スカイツリー>

	行った 125人	行ってない 75人
男子 100人	70人	30人
女子 100人	55人	45人

❷ベン図を作成する

男子のみのベン図を作成して東京タワーとスカイツリーのどちらにも行ったことのある男子を計算する。

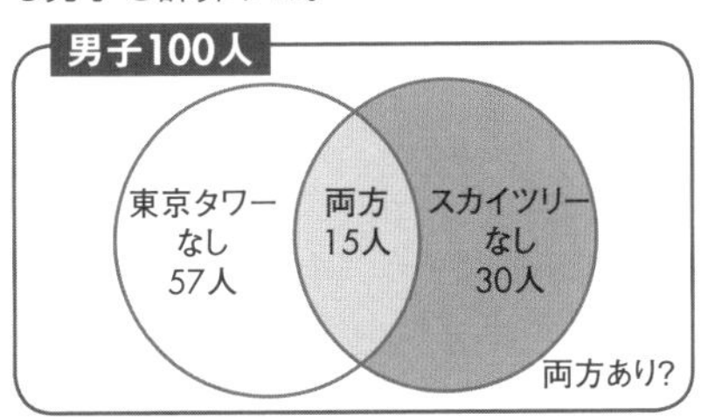

100−（57＋30−15）＝28人

問題6（3）　D 18人

解法のキーワード

「スカイツリーに行ったことがある女子の40%が東京タワーにも行ったことがある」

スカイツリーに行ったことがある女子 55 人× 40%＝ 22 人は、東京タワーにも行ったことがある。

❶ベン図を作成する

女子のみのベン図を作成して、東京タワーとスカイツリーのどちらにも行ったことのない女子を計算する。

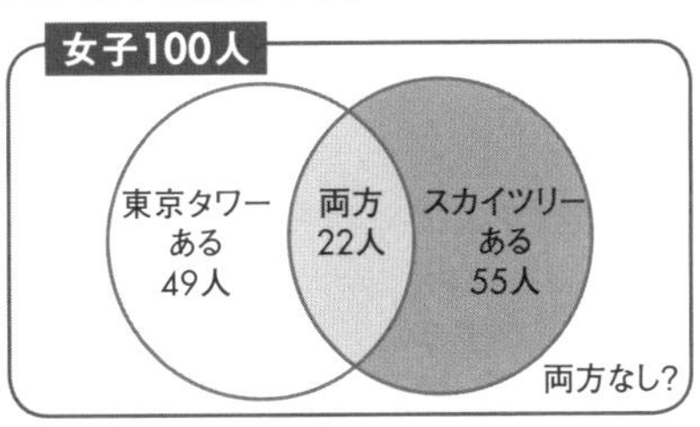

100−（49＋55−22）＝18人

速さ

POINT 基本公式を覚える（「は・じ・き」と覚える）

●距離＝速さ×時間　200km＝50×4

●速さ＝$\frac{距離}{時間}$　50km/h＝$\frac{200}{4}$

●時間＝$\frac{距離}{速さ}$　4時間＝$\frac{200}{50}$

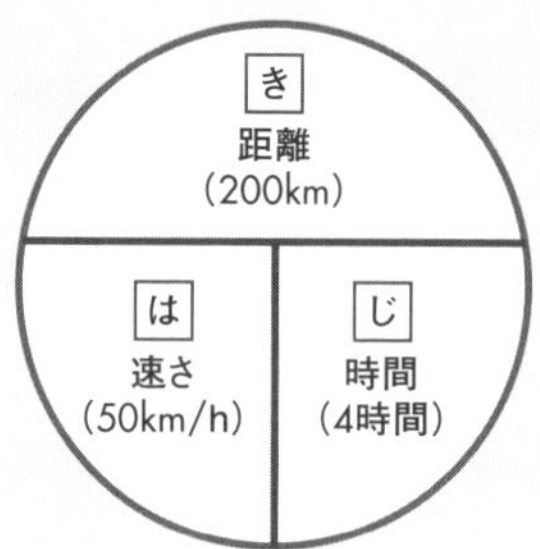

例題 1

難易度★☆☆　制限時間 3 分

下の図のように、A地点からドライブに出かけた。B地点で 15 分休憩した後、目的地Cに 19 時 55 分に到着した。各問いに答えなさい。

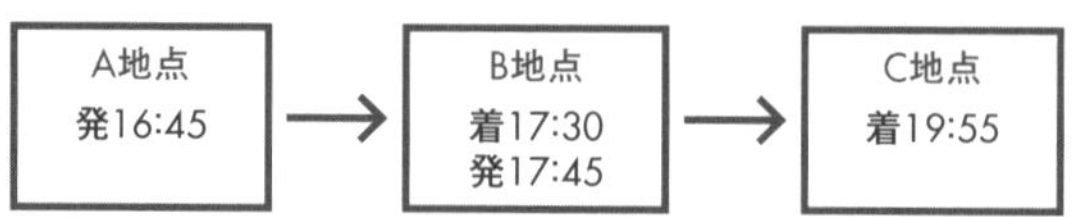

（1）AとBの間を平均時速80kmで走った場合、AB間の距離は何kmか。

A 20km　B 30km　C 40km　D 60km　E 80km　F 90km

解き方のポイント

解法のキーワード

AB間の距離は何kmかを求める

距離を求める問題なので、次の基本公式を使う。

基本公式　距離＝速さ×時間

❶ 単位を統一する

※速さが時速（1時間単位）で表されているため、45分を時間に直して単位を統一する

$\frac{45}{60}$時間＝$\frac{3}{4}$時間

❷ 基本公式で計算する

基本公式　距離＝速さ×時間　に数値を入れる。

80km（時速）×$\frac{3}{4}$（時間）＝60km

答え **D**

（2）BC 間の距離は130km のとき、BC 間を平均時速何kmで走ったことになるか。

A 20km　B 30km　C 40km　D 60km　E 80km　F 90km

解き方のポイント

解法のキーワード

BC間を平均時速何kmで走ったかを求める

速さ（時速）を求める問題なので、次の基本公式で計算する。

基本公式　速さ＝$\frac{距離}{時間}$

❶ 単位を統一する

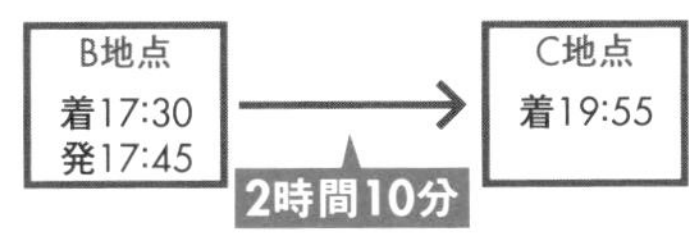

※時速を問われているため、10分を時間に直して単位を統一する

$2\frac{10}{60}$時間＝$\frac{13}{6}$時間

基本公式から　速さ＝$\frac{距離}{時間}$に数値を入れ

130（km）÷$\frac{13}{6}$（時間）＝130×$\frac{6}{13}$＝60km/h

答え **D**

練　習　問　題

問題 1

難易度★★☆　制限時間 8 分

下記の表は、ある各駅停車の電車がA駅を出発して、途中駅B、C、D、E駅を順に走るときの各駅間の所要時間の一部を表示している。この電車は平均時速 39km/ 時で走っている。

	A駅				
B駅	4分	B駅			
C駅			C駅		
D駅	17分			D駅	
E駅		25分	22分		E駅

（1）この電車によるA駅からE駅までの所要時間は何分ですか。

A 11分　**B** 15分　**C** 19分　**D** 20分　**E** 29分　**F** 32分

（2）B駅からD駅までの距離は何 km ですか。

A 2.75km　**B** 3.5km　**C** 5.5km　**D** 8.45km　**E** 9.7km　**F** 10.5km

（3）A駅からD駅までを平均時速 65km/ 時の快速電車に乗り、D駅からE駅までを、この各駅停車の電車に乗った。A駅からE駅までの所要時間は何分ですか。ただし、乗り換え時間は考慮しない。

A 10.2分　**B** 15.5分　**C** 18.4分　**D** 20.8分　**E** 22.2分　**F** 26.8分

解答 & 解説

問題1（1） E 29分

解法のキーワード

所要時間の一部が表示されている

❶各駅間の所要時間を推定する

表には所要時間の一部しか表示されていないので、各駅間を推定する。

	A駅				
B駅	4分	B駅			
C駅	②7分	①3分	C駅		
D駅	17分	13分	③10分	D駅	
E駅	29分	25分	22分	④12分	E駅

①ＢＥ駅間の時間25分とＣＥ駅間の時間22分の差から、ＢＣ駅間の時間は３分

②ＢＣ駅間の時間３分からＡＣ駅間は７分

③ＡＤ駅間の時間17分とＡＣ駅間の時間７分の差から、ＣＤ駅間は10分

④ＢＥ駅間の時間25分とＢＤ駅間（①３分＋③10分＝13分）の差から、ＤＥ駅間は12分

よってＡＥ駅間の所要時間は4＋3＋10＋12＝29分

問題1（2） D 8.45km

解法のキーワード

B駅からD駅までの距離を求める

❶基本公式で計算する

（１）により各駅間の所要時間がわかっているので、平均時速39km/時を使って計算する。

基本公式　距離＝速さ×時間

ＢＤ駅間の時間は13分。時間に直して$\frac{13}{60}$→39×$\frac{13}{60}$＝8.45km

問題1（3） E 22.2分

解法のキーワード

A駅からE駅までの所要時間を求める

❶基本公式で計算する

ＤＥ駅間の時間は（１）で12分とわかっているので、ＡＤ駅間の時間を計算する。

ＡＤ駅間の距離は（２）と同様に、各駅停車の速さ×時間で計算する。→39km/時×$\frac{17}{60}$＝11.05km

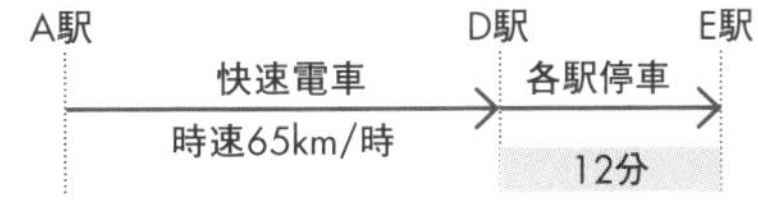

❷快速電車によるAD駅間の時間を求める

時間＝$\frac{距離}{速さ}$に入れる。$\frac{11.05km}{65km/時}$＝0.17時間→分に直して0.17×60分＝10.2分

よってAE駅間の所要時間は10.2＋12＝22.2分

練　習　問　題

問題 2

難易度★★☆　制限時間 6 分

（1）1周 2.6km ある池の周りを、A は毎分 68m、B は毎分 62 m で同時に同じ場所から逆方向に歩き始めた。2人が出会うのは何分後ですか。

A 5分後　B 10分後　C 15分後　D 20分後
E 25分後　F 30分後　G 35分後　H 40分後

（2）1周 300m ある池の周りを A は毎分 90m、B は毎分 60 mで同時に同じ場所から同方向に歩き始めた。A が B に追いつくのは何分後ですか。

A 10分後　B 12分後　C 15分後　D 18分後
E 20分後　F 25分後　G 28分後　H 30分後

（3）池の周りをAは分速 80 m、Bは分速 60 mの一定速度で歩くと、2人が同じ場所から同時に同じ方向に出発したとき、AがBを最初に追い越すのに 15 分かかった。この池は1周何mですか。

A 100m　B 250m　C 300m　D 400m　E 450m　F 600m

（4）池の周りを一定の速度で回ると、A 君は1周するのに 12 分、B 君は 18 分かかる。この2人が同じ場所から同時に同じ方向に出発したとき、A 君が B 君を最初に追い越すのは何分後ですか。

A 24分後　B 28分後　C 30分後
D 32分後　E 34分後　F 36分後

解　答　&　解　説

問題2（1）　D 20分後

解法のキーワード

同時に同じ場所から逆方向に歩く

２人は逆方向に歩いているので、1分間に68m+62m＝130mずつ近づくことになる。

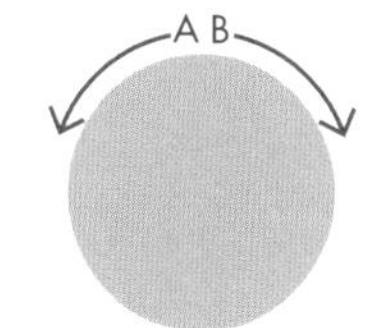

❶単位をそろえる

km→m

2.6×1000＝2600m

❷基本公式　時間＝$\frac{距離}{速さ}$ を利用する

$\frac{2600}{130}$＝20分

問題2（2）　A 10分後

解法のキーワード

同時に同じ場所から同方向の場合

速さの違う２人が同方向に進むといずれAはBに追いつく（池の距離分だけAが多く歩く）

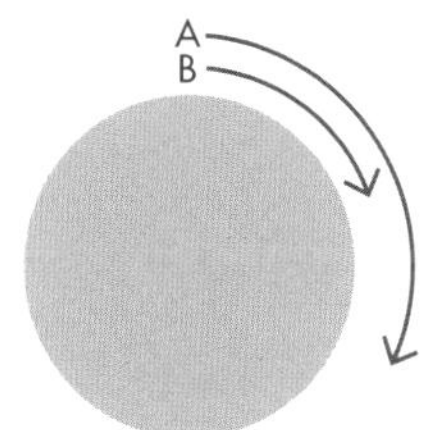

❶毎分どのくらい近づくかを求める

２人の距離は毎分90－60＝30mずつ近づくことになる。

300mの距離を毎分30mで近づくと考えればよい。

❷基本公式 時間＝$\frac{距離}{速さ}$を利用する

$\frac{300}{30}$＝10分

問題2（3）　C 300m

解法のキーワード

同時に同じ場所から同方向に進む場合

❶毎分どのくらい近づくかを求める

２人の距離は毎分80－60＝20mずつ近づくことになる。

速さは毎分20mと考えればよい。

❷基本公式を利用する

最初に追い越すのに15分かかったわけだから、基本公式　距離＝速さ×時間　に数値を入れる。

20m/分×15分＝300m

問題2（4）　F 36分後

池の周りをAm、追い越すまでの時間をx分とする。

$(\frac{A}{12}-\frac{A}{18})x=A$

両辺に36をかけて分母をはらう

$(3A-2A)x=36A \rightarrow Ax=36A$

x＝36分

別解

基本公式　速さ＝$\frac{距離}{時間}$、時間＝$\frac{距離}{速さ}$ を利用して、次の考えでも解法できる。

割り切れるように36を距離（m）と仮定して2人の速さを計算すると、

A君　$\frac{36}{12}$ ＝3m/分

B君　$\frac{36}{18}$ ＝2m/分

２人の距離は毎分3－2＝1mずつ近づくことになる。

$\frac{36}{1}$ ＝36分

練　習　問　題

問題 3

難易度★★☆　制限時間 6 分

（1） 兄は分速 60 m、弟は分速 40 mで家から学校まで歩いている。同時に家を出発すると、兄は弟より5分早く学校に着く。家から学校までの距離は何 m あるか。

A 200m　B 340m　C 400m　D 560m　E 600m　F 820m

（2） S地点からG地点まで 12km あり、徒歩で移動することとした。途中 10km 地点まで平均4km/ 時で進み、30 分休憩後、残りを平均5km/ 時で進み、G地点に到着した。S地点からG地点まで何時間何分かかったか。

A 1時間18分　B 1時間55分　C 2時間12分
D 2時間54分　E 3時間24分　F 3時間36分

（3） A地点からC地点まで 30km の道のりがある。ある車がA地点を出発してから途中のB地点まで毎時 30km の速さで走り、B地点から C 地点までは毎時 40km の速さで走ると、A地点からC地点までは全体で 54 分かかる。B地点は、A地点から何 km のところにあるか。

A 2km　B 14km　C 18km　D 20km　E 22km　F 28km

解　答　&　解　説

問題3（1）　E 600m

解法のキーワード

兄は弟より5分早く学校に着くのだから、
兄が歩いた時間＋5分＝弟が歩いた時間、となる。

❶家から学校までの距離をxとして計算式を立てる

時間＝$\frac{距離}{速さ}$に入れる。　$\frac{x}{60}+5分=\frac{x}{40}$　　x＝600m

兄が歩いた時間　弟が歩いた時間

問題3（2）　E 3時間24分

解法のキーワード

「途中10km地点まで平均4km/時で進み、残りを平均5km/時で進み」
なので、全体12kmの道のりを10kmまでの時間と残り2kmの時間を
区分けして計算する

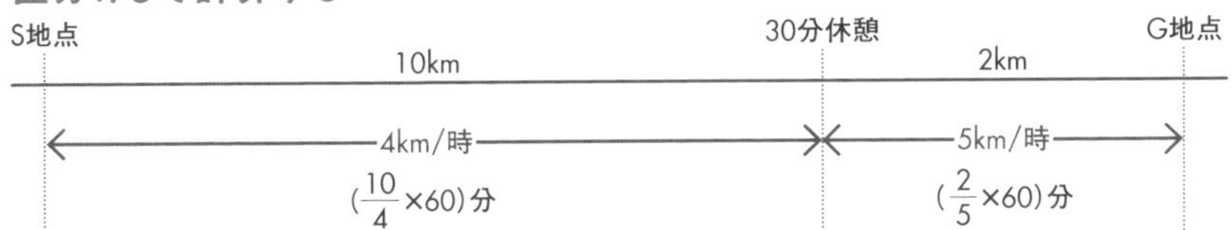

❶問われているのが「分」なので、「時間」を「分」に直して考える。

$\frac{10}{4}×60+30+\frac{2}{5}×60=204分$　よって3時間24分

問題3（3）　C 18km

解法のキーワード

この問題もAB間とBC間の速さが異なる。
A地点からB地点までの距離をx(km)として計算式を立てる

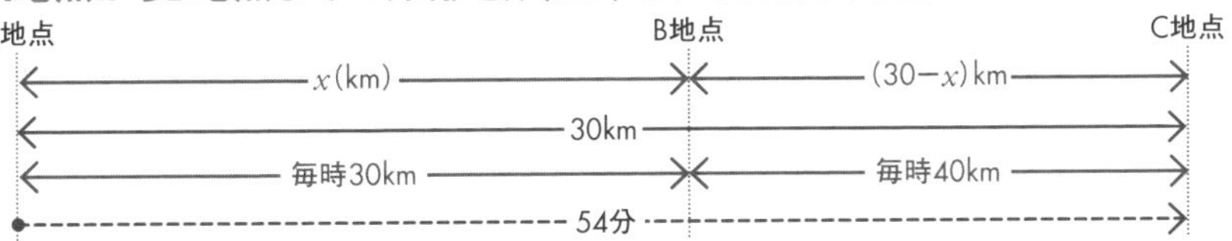

❶基本公式に入れる

時間＝$\frac{距離}{速さ}$に入れる。A地点からB地点の時間$\frac{x}{30}$、B地点からC地点の時間$\frac{30-x}{40}$

その合計が54分

$\frac{x}{30}+\frac{30-x}{40}=\frac{54}{60}$（時間）

❷整数にする

両辺に120をかける。　$4x+3(30-x)=108 \rightarrow 4x+90-3x=108 \rightarrow x=18$km

練　習　問　題

問題 4

難易度★★★　制限時間 6 分

（1）A地点からB地点まで、行きは時速4km、帰りは時速 12km で移動したとき、往復の平均の速さは時速何 km か。

A 3km　B 4km　C 5.6km　D 6km　E 8km　F 9.6km

（2）A地点からB地点まで途中に山があり、その峠を往復した。
行きは6時間、帰りは5時間 40 分かかった。速さは上りが毎時4km、下りが毎時6km である。A地点からB地点までの距離は何kmか。

A 26km　B 27km　C 28km　D 29km　E 30km　F 36km

（3）P、Q間を車で往復するとき、行きは時速 x(km)、帰りは時速 y (km) で走ったとき、往復での平均時速 z (km) は次の式で表せる。

$$\frac{1}{z}=\frac{1}{2}\left(\frac{1}{x}+\frac{1}{y}\right)$$

P、Q間を行きは時速 60km で走り、往復の平均時速は 48km だった。帰りは時速何 km で走ったか。

A 30km　B 36km　C 40km　D 46km　E 50km　F 56km

解　答　&　解　説

問題4（1）　D 6km

解法のキーワード

速さはそれぞれ $\frac{距離}{時間}$ で計算されており、単純に行き4km/hと帰り12km/hの平均は取れない。仮に距離を4と12の最小公倍数の12で行きと帰りの時間を計算する

A地点からB地点までの距離を仮に12kmとして計算してみる。

基本公式から　時間＝$\frac{距離}{速さ}$

行き　$\frac{12}{4}$＝3時間

帰り　$\frac{12}{12}$＝1時間

往復の速さ

基本公式から　速さ＝$\frac{距離}{時間}$

$\frac{24}{4}$＝6km/時

問題4（2）　C 28km

解法のキーワード

上りが毎時4km、下りが毎時6km

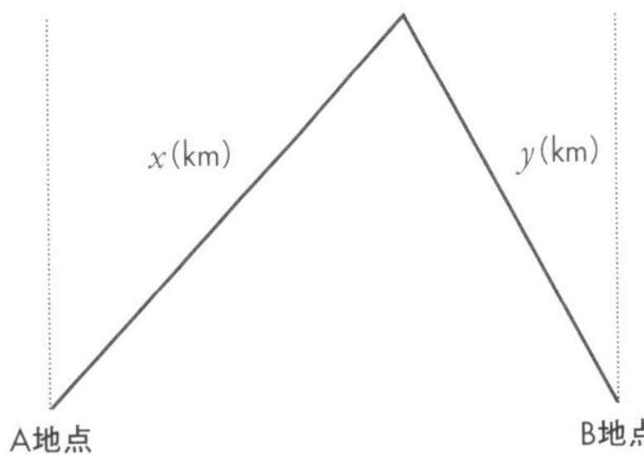

❶距離をxとyにして計算する

行きの上りの距離をx(km)、下りをy(km)とする。

$\frac{x}{4}+\frac{y}{6}=6$……①

帰りは上りと下りが逆になるから

$\frac{x}{6}+\frac{y}{4}=5\frac{2}{3}$……②

❷連立方程式を解く

①の両辺に12をかけて、

$3x+2y=72$……①'

②の両辺に12をかけて、

$2x+3y=68$……②'

①'と②'を連立させて解く。

$$\begin{array}{rr} & 6x+4y=144 \\ -) & 6x+9y=204 \\ \hline & -5y=-60 \\ & y=12 \end{array}$$

①'より、$3x+2\times12=72$

$x=16$

16＋12＝28km

問題4（3）　C 40km

解法のキーワード

$\frac{1}{z}=\frac{1}{2}(\frac{1}{x}+\frac{1}{y})$ の公式に数値を入れて計算を行う

❶公式に数字を当てはめて計算する

$\frac{1}{48}=\frac{1}{2}(\frac{1}{60}+\frac{1}{y})$

両辺に240をかけて

$5=120(\frac{1}{60}+\frac{1}{y})$

$3y=120$

y＝40km/時

別解

P、Q間の距離を仮に120 kmとして計算する方法もある。

行き　$\frac{120}{60}$＝2時間

往復の240kmを平均時速48kmで走ると

$\frac{240}{48}$＝5時間

帰りは5－2＝3時間

よって

速さ　$\frac{120}{3}$＝40km／時

練　習　問　題

問題 5

難易度★★★　制限時間 8 分

（1）P町からQ町まで行くのに3つの区間に分けられており、各区間の距離は相等しいとする。区間イは上りの区間であり速さ毎時3㎞、区間ロは平らの区間で毎時9㎞、区間ハは下りの区間であり毎時 18㎞で行くとすると、平均の速さはいくらか。

A 6㎞/時　B 6.5㎞/時　C 7.2㎞/時
D 8㎞/時　E 8.4㎞/時　F 9㎞/時

（2）57 kmの道のりを、途中までは時速 40km のバスに乗り、その後、時速 4km で歩いたら 90 分かかった。歩いた時間は何分か。

A 5分　B 10分　C 15分　D 20分　E 25分　F 30分

（3）AとBがあるレースに参加した。コースはスタートからちょうど中間地点で折り返し、同じ道を通りスタート地点に戻るというものであった。2人が同時にスタートしたが、1時間後にAは折り返し地点に向かうBとすれ違った。Aは1時間 40 分でゴールした。Bが到着するのは、Aがゴールしてから何分後か。ただし、2人とも一定の速さで走っていたものとする。

A 20分　B 30分　C 35分　D 40分　E 45分　F 50分

問題5（1）　A 6km/時

解法のキーワード

「各区間の距離は相等しい」という問題文を図にする

❶問題文を図にする

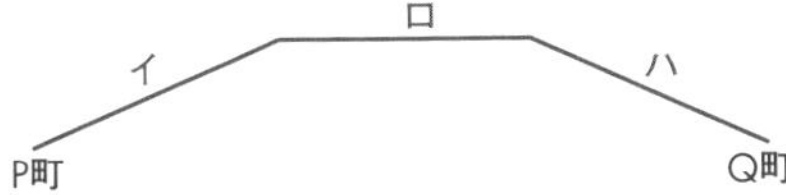

❷基本公式に入れる

各区間の距離をd（km）とする。

距離＝速さ×要する時間　が基本関係である。

P町からQ町まで行くのに要した時間は、

$$\frac{d}{3}+\frac{d}{9}+\frac{d}{18}=$$

$$\frac{6d+2d+d}{18}=\frac{9d}{18}=\frac{d}{2}\text{（時間）}$$

P町からQ町までの距離は、3dkmとなるので、平均の速さは、

$$3d\div\left(\frac{d}{2}\right)=3d\times\left(\frac{2}{d}\right)=6\text{km/時}$$

問題5（2）　A 5分

解法のキーワード

「歩いた時間は何分か」という問題文を図にする

❶問題文で図を作成する

❷基本公式に入れる

図のように、バスに乗った距離をx（km）、歩いた距離をy（km）とする。

$$90\text{分}=\frac{90}{60}\text{時間}=\frac{3}{2}\text{時間}$$

$x+y=57$…①

$$\frac{x}{40}+\frac{y}{4}=\frac{3}{2}\cdots②$$

という連立方程式ができる。

②の分母をはらうため、両辺に40と4と2の最小公倍数40をかける。

$$\begin{array}{rl} & x+10y=60\cdots②\times40 \\ -) & x+\ \ \ \ y=57\cdots① \\ \hline & 9y=3 \end{array}$$

$$y=\frac{1}{3}\text{km}$$

この距離を時速4kmで歩くので、

$$\frac{1}{3}\div4=\frac{1}{12}\text{時間}$$

$$60\times\frac{1}{12}=5\text{分}$$

問題5（3）　F 50分

解法のキーワード

「1時間後にAは折り返し地点に向かうBとすれ違った」という問題文を図にする

❶問題文で図を作成する

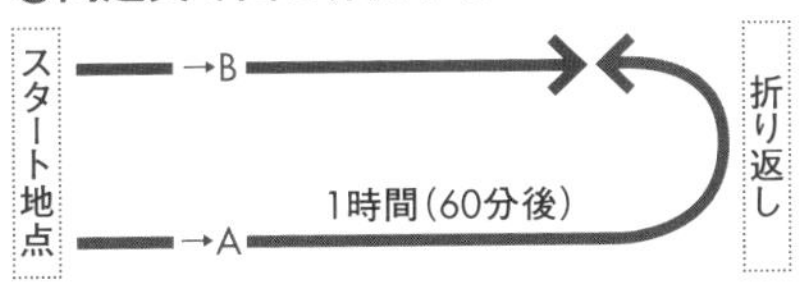

❷基本公式に入れる

Aの走る速さをx（m/分）とすると、コースの全長は100x（m）、AがBとすれ違った地点までに走った距離は60x（m）となり、スタート地点からは、40x（m）の地点となる。

Bは40x（m/分）を60分で走ったことになり、Bの走る速さは$\frac{40x}{60}=\frac{2}{3}x$（m/分）となる。Bは、$\frac{100x}{2}=150$（分）でゴールしたことになり、Aが到着してから50分後にゴールしたことが分かる。

売買損益

POINT 3つの基本公式を押さえる

●定価＝原価×(1＋利益率)
●売価＝定価×(1−割引率)
●利益(損失)＝売価−原価

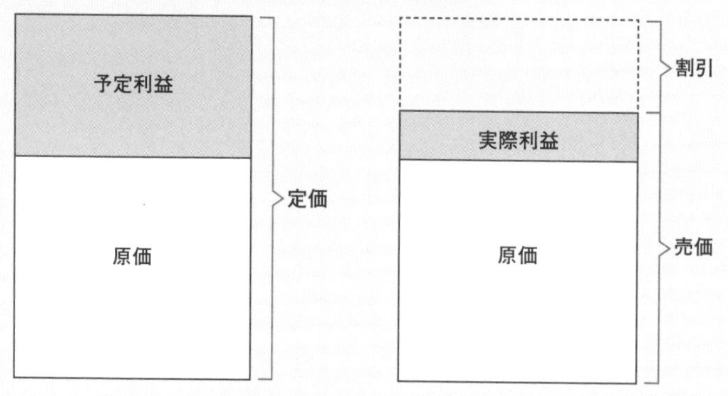

原価を1、利益率を0.2、定価の割引率を0.1とした場合
定価　　　1×(1+0.2)＝1.2
売価　　　1.2×(1−0.1)＝1.08
実際利益　1.08−1＝0.08

例題 1

難易度★☆☆　制限時間４分

(1) 6000円で仕入れた品物に、その原価の30%の利益を見込んで定価をつけたが、売れないので、15%引きで販売することにした。いくらの利益または損失になるか。

A −1800円　B −630円　C −120円　D 120円　E 630円　F 1800円

解き方のポイント

解法のキーワード

「30%の利益を見込んで定価をつけたが、15%引きで販売」から求める

❶ 定価は、原価6000円、利益率30%を基本公式に入れる

定価＝原価×（1＋利益率）

6000×(1+0.3)＝7800円

❷ 基本公式を使って売価を求める

定価の15%引きで売価を計算する。

売価＝定価×（1－割引率）

7800×(1－0.15)＝6630円

❸ 基本公式を使って利益を求める

利益＝売価－原価

6630－6000＝630円

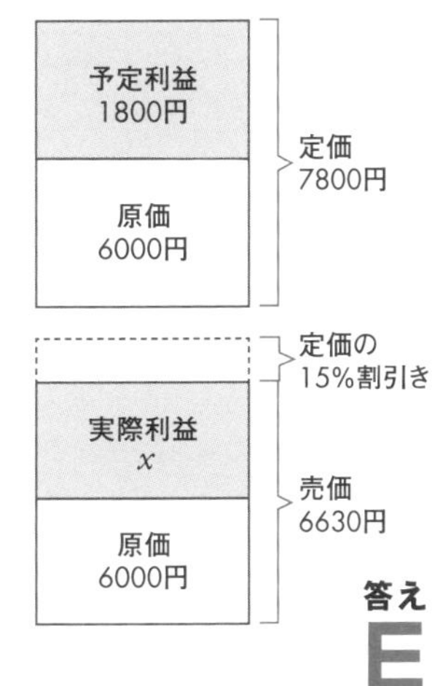

答え **E**

(2) 原価 6000 円の品物を定価の 25% 引きで売ると、120 円の利益になる。定価はいくらか。

A 6200円　B 6800円　C 7200円　D 7800円　E 8160円　F 12200円

解き方のポイント

解法のキーワード

「定価の25%引きで売ると、120円の利益」から求める

❶ 基本公式を使って売価を求める

原価と利益がわかっているので、最初に売価の計算をする。

基本公式　利益＝売価－原価　から

売価は　6000+120＝6120円

❷ 定価の計算をする

売価(6120円)が定価の25%引きなので、定価をx円とすると

基本公式　売価＝定価×（1－割引率）　から

x×(1－0.25)＝6120→0.75x＝6120→x＝8160円

答え **E**

練　習　問　題

問題 1

難易度★★☆　制限時間 6 分

原価 600 円の品物を 400 個仕入れて、原価の 20%の利益を見込んで定価をつけた。このうち、300 個を定価で売った。

(1) 残りの100 個が売れ残り廃棄したとすると、利益または損失は何円か。

A 36000円の利益　B 60000円の利益　C 90000円の利益
D 180000円の利益　E 24000円の損失　F 60000円の損失
G 90000円の損失　H 180000円の損失

(2) 残りの 100 個が売れ残り廃棄することを予想できたら、損失にならないためには、何%の利益率で定価を設定すべきであったか。

A 32.25%　B 33.33%　C 36.66%　D 39.66%
E 40.33%　F 43.33%　G 44.66%　H 44.67%

(3) 残りの 100 個を定価の 25%引きですべて売ったとすると、総利益または総損失はいくらか。

A 4200円の利益　B 5400円の利益　C 6000円の利益
D 30000円の利益　E 4200円の損失　F 5400円の損失
G 6000円の損失　H 12000円の損失

(4) 残りの 100 個を販売するとき、最低でも利益が上がるように売価を設定したい。定価の何%引きで販売すべきか。

A 12.25%　B 12.26%　C 16.66%　D 20.26%
E 30.6%　F 40.67%　G 50.88%　H 66.67%

解答＆解説

問題1（1）　E 24000円の損失

解法のキーワード

残りの100個が売れ残り廃棄したときを求める

100個を廃棄したわけだから、売上総額（300個分）から原価総額（400個分）を差し引いて利益・損失を計算する。

❶1個当たりの定価を求める

仕入れの総額は、
600円×400個＝240000円
1個当たりの定価は、
600円×（1＋0.2）＝720円

❷売上の総額を求める

定価で300個が売れたので、定価での売上総額は、720円×300個＝216000円

❸利益（損失）を求める

利益（損失）＝売価－原価から
216000－240000＝－24000円
つまり、24000円の損失となる。

問題1（2）　B 33.33%

解法のキーワード

**「損失にならない」
損失にならないためには
仕入れの総額の240000円になる
定価を計算する**

❶利益率を求める計算式を立てる

利益率をxとして、300個で240000円の定価の計算式を立てる。
240000＝600円×300個×（1＋x）
240000＝180000＋180000x
60000＝180000x
x＝0.33333…→33.33%

問題1（3）　D 30000円の利益

解法のキーワード

残りの100個を定価の25%引きですべて売ったときを求める

定価の25%引きの売価での販売分（100個）＋定価での販売分（300個）＝売上総額

❶売価を求める

上記（1）より、1個当たりの定価は720円。
定価の25%引きの売価は、
720×（1－0.25）＝540円

❷売上の総額を求める

この売価で100個全部売ると、定価で売った額との合計の売上総額は、
（540円×100個）＋216000円＝270000円

❸利益（損失）を求める

利益（損失）＝売価－原価から
270000－240000＝30000円
つまり、30000円の利益となる。

問題1（4）　H 66.67%

解法のキーワード

利益が上がるように売価を設定する

利益を出すには原価総額（240000円）を超えて、販売する必要がある。
その場合の残り100個の割引率を計算する。

❶割引率を計算する

定価での売上総額（300個分）は216000円。あと24000円（240000－216000）を、残り100個で売り上げるための割引率を計算する。
割引率をxとして計算式を立てる。
100個×720（1－x）＝24000円
100×（720－720x）＝24000
72000x＝48000
x＝0.66666…
よって66.67%

練　習　問　題

問題 2

難易度★★☆　制限時間 4 分

定価の 15%引きの売価で販売しても、原価の 10%の利益が出るように定価を設定した。各問いに答えなさい。

（1）定価 3300 円の商品の場合、原価はいくらか。

A 1250円　B 1750円　C 2100円　D 2550円　E 2670円　F 2850円

（2）原価 510 円の商品の場合、定価はいくらか。

A 660円　B 685円　C 705円　D 725円　E 745円　F 780円

問題 3

難易度★★☆　制限時間 4 分

（1）A 商品と B 商品を合計 5500 円で仕入れた。A 商品は2割増し、B 商品は4割増しで定価をつけた。そして A、B 両方とも1割引きで売ったところ 980 円の利益を得た。A、B の原価はいくらか。

A A 1250円、B 2000円　B A 1750円、B 2000円　C A 1500円、B 2000円
D A 1500円、B 3000円　E A 2500円、B 2000円　F A 2500円、B 3000円

（2）P、Q 2個の商品を合わせて 3000 円で仕入れ、P は 30%、Q は 20%の利益を見込んで定価をつけて2個とも販売したところ、780 円の利益があった。P の仕入れ値はいくらか。

A 750円　B 1000円　C 1250円
D 1500円　E 1800円　F 2600円

解答＆解説

問題2（1）　D 2550円

解法のキーワード

定価の15%引きの売価で販売しても、原価の10%の利益が出るようにする

❶原価xを図にする

原価をxとして図にすると以下になる。

売価＝定価×（1－割引率）

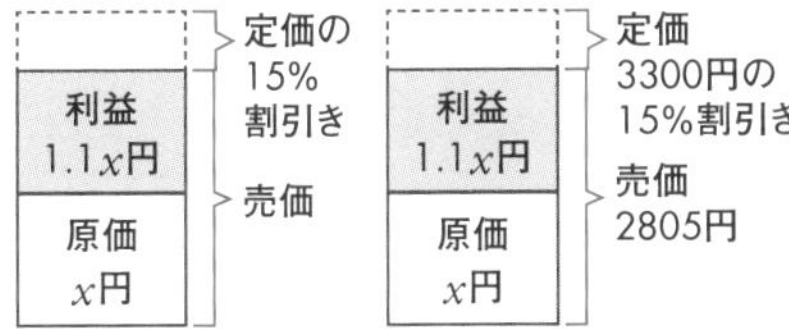

❷定価の15%引きの売価を求める

3300×（1－0.15）＝2805円

2805円で販売しても原価の10%の利益が出るから、原価をxとして計算式を立てる。

2805－x＝0.1x→1.1x＝2805

x＝2550円

問題2（2）　A 660円

解法のキーワード

原価510円の商品で計算する

今度は原価が510円と与えられ、そこから計算する。

❶定価xを図にする

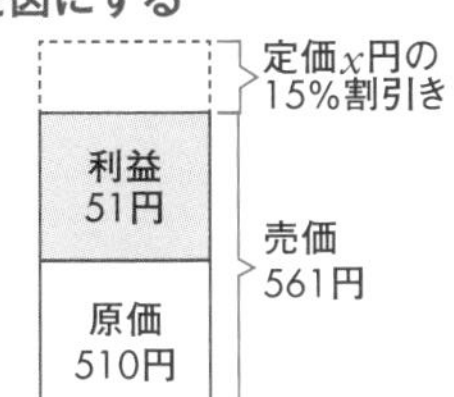

原価510円に対する利益

510×0.1＝51円

売価は510＋51＝561円

売価＝定価×（1－割引率）から

561＝x×（1－0.15）

0.85x＝561→x＝660円

問題3（1）　F A 2500円、B 3000円

解法のキーワード

A、B両方とも1割引きで売ったときの連立方程式を立てる

❶連立方程式を立てる

A、B合計の原価（5500円）と合計の利益（980円）だけわかっている場合、連立方程式で解答する。A商品の原価をx円、B商品の原価をy円とする。

$x+y$＝5500……①

【A商品の2割増し】→$x+0.2x=1.2x$

【B商品の4割増し】→$y+0.4y=1.4y$

A、B両方とも1割引きで売り、980円の利益を得たので、$(1.2x+1.4y)\times(1-0.1)$＝5500＋980……②

①式と②式を連立方程式で解く。

$$\begin{cases} x+y=5500 \\ (1.2x+1.4y)\times 0.9=6480 \end{cases}$$

$$\begin{cases} x+y=5500 \quad 1.08\text{倍する} \\ 1.08x+1.26y=6480 \end{cases}$$

$$\begin{cases} \quad 1.08x+1.08y=5940 \\ -)\,1.08x+1.26y=6480 \end{cases}$$

$0.18y=540$

よってx＝2500、y＝3000

問題3（2）　E 1800円

解法のキーワード

2個の利益が780円の場合から求める

❶連立方程式を立てる

P、Q合計の原価（3000円）と合計の利益（780円）しかわかっていないので、この問題も連立方程式で解答する。Pの仕入れ値をx円、Qの仕入れ値をy円とすると、

$x+y$＝3000……①

$0.3x+0.2y$＝780……②

という連立方程式ができる。

$$\begin{cases} 2x+2y=6000 \cdots\cdots ①\times 2 \\ 3x+2y=7800 \cdots\cdots ②\times 10 \end{cases}$$

②×10－①×2より、x＝1800円

練　習　問　題

問題 4

難易度★★☆　制限時間 6 分

（1）ある商品を 180 個仕入れた。全体の$\frac{1}{2}$を 25%、全体の$\frac{1}{3}$を 30%の利益を見込んで販売した。残りは破損してしまったので廃棄したところ、全体の利益が 1260 円となった。
この商品の1個当たりの原価はいくらか。

A 100円　B 120円　C 150円　D 240円　E 375円　F 420円

（2）原価の 40%増しの定価をつけた商品が複数個ある。
そのうちの$\frac{3}{5}$は定価で、残りは定価の何割引きかで売ったところ、全体で 12%の利益があった。残りの商品は定価の何割引きで売ったことになるか。

A 1割引き　B 2割引き　C 3割引き　D 4割引き　E 5割引き　F 6割引き

（3）ある商品を売るのに、原価の 25%の利益を見込んで定価をつけ、定価から 12400 円値引き販売したら、なお原価の5%の利益を得た。この商品の売価はいくらか。

A 64700円　B 64900円　C 65100円
D 65300円　E 65500円　F 65900円

（4）セールである商品を定価の 10%引きで売ろうとしているが、原価の8%の利益があがるようにしたい。何%の利益率で定価を設定すればよいか。

A 10%　B 15%　C 20%　D 25%　E 30%　F 35%

解答＆解説

問題4（1）　B 120円

解法のキーワード

全体の$\frac{1}{2}$を25%、全体の$\frac{1}{3}$を30%の利益で売ったときを求める

残りの廃棄した量は、$1-\frac{1}{2}-\frac{1}{3}=\frac{1}{6}$

❶個数を求める

全体の個数の$\frac{1}{2}$は、$180\times\frac{1}{2}=90$個、
全体の個数の$\frac{1}{3}$は、$180\times\frac{1}{3}=60$個、
残りは、$180\times\frac{1}{6}=30$個

❷原価をxにして求める

商品1個の原価をx円とすると、90個と60個の販売額は、

$90\times\frac{125}{100}x+60\times\frac{130}{100}x$（円）

その合計から仕入れ総額を引いた金額が利益となる。

$90\times\frac{125}{100}x+60\times\frac{130}{100}x-180x=1260$

$x=120$円

問題4（2）　E 5割引き

解法のキーワード

$\frac{3}{5}$は定価で、残りは定価の何割引きかで売ったときを求める

売価（定価$\frac{3}{5}$＋割引価格$\frac{2}{5}$）＝原価＋利益

❶割引率をxにする

仮に原価を1000円とし、割引率をxとして売価＝（原価＋利益）を考えてみる。

$1000\times1.4\times\frac{3}{5}+1000\times1.4\times\frac{2}{5}(1-x)$
$=1000+1000\times12\%$
$840+560-560x=1120$
$560x=280$
$x=0.5$

問題4（3）　C 65100円

解法のキーワード

定価から12400円値引きして販売したときの計算式を立てる

割引額が12400円と金額で与えられている。

原価をxとして、以下の計算式で解答する。
定価－割引額－原価＝利益

❶原価をxにする

25%の利益を見込んで定価をつけ、そこから12400円を値引きして、
なお5%の利益を得たということから原価をxとして計算式を立てる。

$x\times(1+0.25)-12400-x=0.05x$
$1.25x-x-0.05x=12400$
$0.2x=12400\rightarrow x=62000$

❷原価から売価を求める

この原価から売価を求める。
$62000\times(1+0.25)-12400$
＝65100円

問題4（4）　C 20%

解法のキーワード

原価をx円、利益率をP%として解く

❶定価を求める

定価は　$x(1+\frac{P}{100})$（円）

この定価の10%引きで売っても原価の8%の利益をあげるということは、

$x(1+\frac{P}{100})\times(1-0.1)-x=0.08x$

$0.9x(1+\frac{P}{100})=1.08x$

両辺をxで割って

$0.9(1+\frac{P}{100})=1.08$

❷分数と小数点を整理する

両辺に1000をかけて整理する。
$900+9P=1080$
$P=20\rightarrow20\%$

練　習　問　題

問題 5

難易度★★☆　制限時間 6 分

（1） A商品の原価は、B商品の原価 650 円の8割である。
来年度は材料費の値上げにより、A、Bともに原価が2割増となる。
A商品を 700 円、B商品を 900 円で販売するとしたら、
1個につき、どちらの商品の方が、いくら利益を多く上げられるか。

A　A商品の方が34円多い　B　B商品の方が34円多い　C　A商品の方が44円多い
D　B商品の方が44円多い　E　A商品の方が64円多い　F　B商品の方が64円多い

（2） A、B、Cの商品を3個1セットで販売することにした。1セットの販売価格は 19980 円である。これは原価に対し、11%の利益を見込んでいる。A商品は原価 7000 円をそのまま販売価格とし、B商品は原価に対し、12%の利益を見込んで販売価格を5600円とした。C商品の販売価格は原価に対して何%か。

A 101%　B 113%　C 123%　D 130%　E 139%　F 148%

（3） ある文具店はノートを 1200 冊仕入れ、これに3割の利益を見込んで定価をつけた。しかしこの定価で売ったところ 1100 冊売れ残ってしまった。そこで値下げをし、1割の利益を見込んで新しい定価をつけて販売したところ、ようやく残りを完売した。
結果として利益は当初の見込みより 33000 円少なくなってしまった。
このノート1冊の原価はいくらか。

A 95円　B 100円　C 125円　D 150円　E 175円　F 180円

（4） 原価の4割増しの定価をつけた商品を、全体の 60%は定価で、残りは定価の何割引きかで売ったところ、全体で1割2分の利益があった。残りの商品は定価の何割引きで売ったことになるか。

A 1割引き　B 1.2割引き　C 2割引き　D 3割引き　E 5割引き　F 5.5割引き

解答＆解説

問題5（1） D B商品の方が44円多い

解法のキーワード

「どちらの商品の方が、いくら利益を多く上げる」。値上げ分を考慮して利益を計算する

❶値上げ後の原価を求める

A商品の原価は 650円×0.8＝520円である。

来年度の値上げにより、

Aは　520円×1.2＝624円、

Bは　650円×1.2＝780円である。

❷それぞれの利益を求める

それぞれの利益は、

A商品　700円－624円＝76円、

B商品　900円－780円＝120円となり、

120円－76円＝44円

B商品の方がA商品より44円利益が多い。

問題5（2） C 123%

解法のキーワード

「A商品は原価7000円をそのまま販売価格とし、B商品は原価に対し、12%の利益を見込む」。それぞれの販売価格を表で考えてみる

	原価	販売価格
A商品	7000	7000
B商品	5000	5600
C商品	6000	7380
合計	18000	19980

❶原価を求める

1セットの販売価格は19980円

原価は、19980÷1.11＝18000円

B商品の原価は、5600÷1.12＝5000

C商品の原価は、

18000－7000－5000＝6000円

C商品の販売価格は、

19980－7000－5600＝7380円

$\frac{7380}{6000}\times100=$123%

問題5（3） D 150円

解法のキーワード

「利益は当初の見込みより33000円少なく」から解く

❶原価をxにして予想利益を求める

［予想していた利益－実際の利益＝33000円］という関係がわかる。

利益は［売価－原価］であるので、まずその利益を求める式を立てる。

原価をxとすると、予想していた利益は以下のようになる。

$x(1+0.3)\times1200-1200x=360x$

❷実際の利益を求める

実際の利益は次のようになる。

まず、実際の売上高は

$x(1+0.3)\times100+x(1+0.1)\times1100$

$=130x+1210x=1340x$

したがって利益は

$1340x-1200x=140x$

$360x=140x+33000$

$x=150$円

問題5（4） E 5割引き

解法のキーワード

「原価をx円、割引率をy%とする」

❶原価をxにして計算式を立てる

原価をx円とすると、定価は1.4x円になる。

残り40%の商品を定価のy割引きで売ったとすると次の計算式が成り立つ。

※計算上y割引きは（例えば3割は0.3なので）0.1yとすること

$1.4x\times0.6+(1-0.1y)\times1.4x\times0.4-x$

$=x\times0.12$

❷式を整理する

両辺をxで割り、1000倍すると、

$840+(1-0.1y)\times560=1120$

$840+560-56y=1120$

$y=5$（5割引き）

Chapter❶ 非言語

分割払い・割合

POINT 割合の数値を理解する

割合の表示一欄

分数($\frac{A}{B}$)	小数(0.01)	百分率(%)	歩合(割・分・厘)
$\frac{1}{4}$	0.25	25%	2割5分
$\frac{1}{40}$	0.025	2.5%	2分5厘
$\frac{1}{400}$	0.0025	0.25%	2厘5毛

❶ xのyに対する割合

⇒ $\frac{x}{y}$で計算する

❷ 5の25に対する割合

⇒ $\frac{5}{25}$ =0.2(20%、2割)と表示

❸ 25の5に対する割合

⇒ $\frac{25}{5}$ =5倍

例題 1

難易度★☆☆ 制限時間４分

ある人が本を読み始めた。1日目に全体の$\frac{1}{3}$を読み、2日目には残りの$\frac{2}{3}$を読んだ。2日目までに読んだページは全体のどれだけに当たるか。

A $\frac{1}{6}$　B $\frac{4}{9}$　C $\frac{8}{15}$　D $\frac{11}{20}$

E $\frac{13}{30}$　F $\frac{7}{9}$　G $\frac{3}{4}$　H AからGのいずれも違う

解き方のポイント

解法のキーワード

「1日目に全体の$\frac{1}{3}$を読み、2日目には残りの$\frac{2}{3}$を読んだ」ときの割合を求める

$\frac{1}{3}$→全体のページ数に対するもの　$\frac{2}{3}$→残りのページ数に対するもの

1日目と2日目は異なるものに対する分数式だから、どちらかに統一して計算する。

❶ 残りに対する割合を計算する

問題文にある$\frac{1}{3}$は全体に対する割合、$\frac{2}{3}$は残りに対する割合、異なるものに対する割合で、そのままでは足し算ができない。よって残りに対する割合を全体に直す。1日目を読み終えたとき、残りは全体の$1-\frac{1}{3}=\frac{2}{3}$

$\frac{1}{3}$（全体に対する割合）

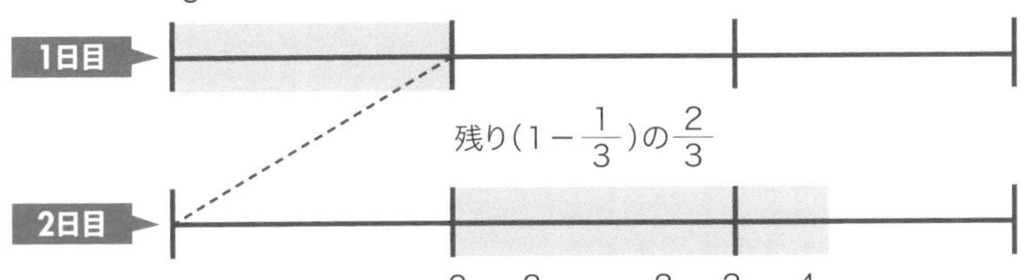

2日目に読んだページはその残り$\frac{2}{3}$の$\frac{2}{3}$だから$\frac{2}{3}\times\frac{2}{3}=\frac{4}{9}$

❷ 1日目と2日目を合わせる

全体に対する残りページの割合$\frac{2}{3}$に$\frac{2}{3}$を掛けたので$\frac{4}{9}$は全体に対する割合に変わる。

$\frac{1}{3}+\frac{4}{9}=\frac{3}{9}+\frac{4}{9}=\frac{7}{9}$

答え F

練　習　問　題

問題 1

難易度★☆☆　制限時間 4 分

ある人が車を購入することになり、契約時に頭金として購入総額の$\frac{1}{5}$を支払った。残金は 10 回の均等払いにすることにした。手数料、利息は考えないこととする。次の問いに答えなさい。

（1）均等に支払う1回当たりの金額は、購入総額のどれだけに当たるか。

A $\frac{1}{40}$　B $\frac{1}{25}$　C $\frac{1}{30}$　D $\frac{2}{25}$　E $\frac{2}{3}$　F $\frac{4}{5}$

（2）均等払いを5回終えた時点の残金は、購入総額のどれだけに当たるか。

A $\frac{1}{5}$　B $\frac{3}{25}$　C $\frac{11}{40}$　D $\frac{2}{5}$　E $\frac{3}{5}$　F $\frac{7}{10}$

問題 2

難易度★☆☆　制限時間 4 分

ある人がヨーロッパ旅行に行くことになり、
契約時に総額の$\frac{2}{15}$を支払った。次の問いに答えなさい。

（1）旅行直前に契約時に支払った額の$\frac{2}{3}$を支払い、残金は旅行後に支払うことにした。その残金は総額のどれだけに当たるか。
手数料、利息は考えないこととする。

A $\frac{1}{9}$　B $\frac{2}{9}$　C $\frac{4}{15}$　D $\frac{2}{3}$　E $\frac{11}{15}$　F $\frac{7}{9}$

（2）旅行直前に総額の$\frac{1}{3}$を支払い、残金は旅行後に支払うことにした。
その残金は契約時支払額のどれだけに当たるか。
手数料、利息は考えないこととする。

A $\frac{1}{4}$　B $\frac{1}{3}$　C $\frac{1}{2}$　D 2倍　E 3倍　F 4倍

解答＆解説

問題1（1） D $\frac{2}{25}$

解法のキーワード

「残金は10回の均等払い」

残金は$1-\frac{1}{5}=\frac{4}{5}$

その$\frac{4}{5}$を10回の均等払いにしている。

❶全体から残金を求める

均等払いにする残金は全体の1から頭金を引き算して$1-\frac{1}{5}=\frac{4}{5}$

❷残金を回数で割る

その残金$\frac{4}{5}$を10で割る。

$\frac{4}{5}\div 10=\frac{4}{5}\times\frac{1}{10}=\frac{4}{50}=\frac{2}{25}$

問題1（2） D $\frac{2}{5}$

解法のキーワード

5回終えた時点の残金を求める

❶上記から5回分の金額を計算する

（1）で計算した1回当たり$\frac{2}{25}$を利用して5回分を計算する。

均等払い5回分の金額は$\frac{2}{25}\times 5=\frac{2}{5}$

❷残金を求める

頭金と5回分の金額の合計額は

$\frac{1}{5}+\frac{2}{5}=\frac{3}{5}$

残金は$1-\frac{3}{5}=\frac{2}{5}$

問題2（1） F $\frac{7}{9}$

解法のキーワード

契約時に支払った額の$\frac{2}{3}$から求める

❶旅行までの支払額と残金を求める

旅行直前に支払った金額は、契約時に支払った額$\frac{2}{15}$の$\frac{2}{3}$である。

旅行までの支払額

$\frac{2}{15}+(\frac{2}{15}\times\frac{2}{3})=\frac{6}{45}+\frac{4}{45}=\frac{10}{45}=\frac{2}{9}$

旅行残金は $1-\frac{2}{9}=\frac{7}{9}$

❷総額に対する割合を求める

求める値はその残金の総額に対する割合となる。

総額は1だから$\frac{7}{9}\div 1=\frac{7}{9}$

問題2（2） F 4倍

解法のキーワード

その残金は契約時支払額のどれだけかを求める

❶旅行残金を求める

旅行直前に支払った金額は、総額の$\frac{1}{3}$

契約時に支払った金額は、総額の$\frac{2}{15}$

同じ総額で、すぐ足し算が可能。

旅行までの支払額は

$\frac{1}{3}+\frac{2}{15}=\frac{5}{15}+\frac{2}{15}=\frac{7}{15}$

旅行残金は$1-\frac{7}{15}=\frac{8}{15}$

❷契約時支払額に対する割合を求める

求める値はその残金の契約時支払額に対する割合となる。

$\frac{8}{15}\div\frac{2}{15}=\frac{8}{15}\times\frac{15}{2}=\frac{8}{2}=4$倍

POINT

2の6に対する割合：$2\div 6=\frac{1}{3}$

6の2に対する割合：$6\div 2=\frac{6}{2}=3$倍

練　習　問　題

問題 3

難易度★★☆　制限時間 6 分

下の表は、ある学校の就職状況を表したものである。
就職した生徒はすべて製造系・非製造系のどちらかに含まれる。

	製造系（%）	非製造系（%）	学年全体の各男子・女子に対する就職した生徒の割合（%）（注）
男子	55%	45%	50%
女子	30%	70%	40%

（注）$\frac{\text{就職した男子}}{\text{学年の男子全体}}$　$\frac{\text{就職した女子}}{\text{学年の女子全体}}$

この学年で製造系に就職した女子の人数は 60 人とわかっている。

（1）この学年全体で女子は何人いるか。

A 140人　B 200人　C 280人　D 320人
E 400人　F 460人　G 500人　H 560人

（2）非製造系に就職した男子はこの学年の男子全体の何%か。

A 18.0%　B 19.5%　C 20.0%　D 21.0%
E 21.5%　F 22.0%　G 22.5%　H ほかの値

（3）非製造系に就職した男子の人数は女子のそれより 5 人少ない。
この学年全体の生徒数は何人か。

A 900人　B 950人　C 1000人　D 1060人
E 1100人　F 1160人　G 1200人　H 1250人

解 答 & 解 説

問題3（1） G 500人

解法のキーワード

製造系に就職した女子の人数60人から求める

❶表から数を計算する

表中から製造系に就職した女子の割合が30%とわかる。そこから女子で就職した数を計算する。

製造系	非製造系	
男子55%	45%	男子就職率50%
女子30%（60人）	70%	女子就職率40%

女子の製造系は就職した女子の 30%、この人数が 60 人である。

就職した女子は、60 ÷ 0.3 = 200 人

❷学年女子全体の割合から求める

この数（200 人）が学年女子全体の 40% だから学年全体で女子の人数は、

200 ÷ 0.4 = 500 人

問題3（2） G 22.5%

解法のキーワード

表から非製造系に就職した男子の割合を求める

❶表から割合を求める

表中から $\frac{\text{就職した男子}}{\text{学年の男子全体}}$ は50%、

非製造系に就職した男子の割合 45%

❷学年男子の人数から求める

非製造系に就職した男子の割合は45%で、就職した男子の割合は、学年の男子全体の50%だから、非製造系に就職した男子のこの学年の男子全体に対する割合は

0.5×0.45＝0.225→22.5%

問題3（3） E 1100人

解法のキーワード

非製造系に就職した女子－非製造系に就職した男子＝5人

❶女子の人数から男子の人数を求める

（1）と表より、非製造系に就職した女子は

500×0.4×0.7＝140人

したがって、非製造系に就職した男子の人数は

140－5＝135人

❷男子全体の人数を求める

前問より、これが学年の男子全体の22.5%なので、

この学年の男子全体の人数は

135÷0.225＝600人

❸生徒数を出す

したがって、学年全体の生徒数は

600+500＝1100人

練習問題

問題 4

難易度★★☆　制限時間 7 分

あるサークルの会員を調査したところ、市内在住の会員が 65%であり、そのうち女性が 70%であった。また、会員全体の女性の割合は 55%でした。次の設問に答えなさい。

（1）市内在住の女性会員は会員全体の何%か。

A 45%　B 45.5%　C 50.5%　D 54.5%
E 57.5%　F 58%　G 58.5%　H 60.5%

（2）市外在住の男性会員は会員全体の何%か。

A 5%　B 6.5%　C 10.5%　D 12%
E 17.5%　F 25.5%　G 58.6%　H 59.3%

（3）市内在住の男性会員数が 39 人でした。サークルの全体会員数は何人か。

A 120人　B 150人　C 180人　D 200人　E 250人　F 300人

解　答　&　解　説

問題4（1）　B 45.5%

解法のキーワード

市内在住の会員が65%であり、そのうち女性が70%であることから求める

❶会員を100人として計算する

仮に会員を 100 人とすると市内在住の会員は、100 人× 65%＝ 65 人

そのうち（65 人のうち）の 70%が女性会員　65 × 70%＝ 45.5 人

これを%で計算する。

❷市内、女性の割合から求める

市内在住の会員が 65%を占め、その 70%が女性だから

0.65 × 0.7 ＝ 0.455

よって 45.5%

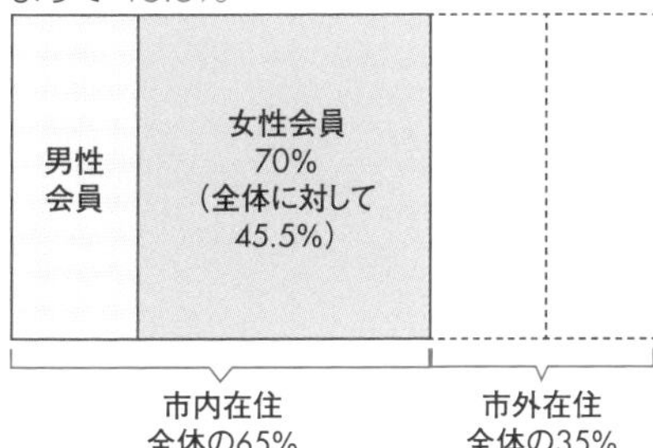

問題4（2）　F 25.5%

解法のキーワード

市外在住の男性会員は（1）を参考にする

❶女性会員の割合から求める

上記（1）で市内在住の女性会員の割合が45.5%とわかり、あとは表を参考に引き算で求めることができる。

女性会員は会員全体の45.5%で会員全体の女性の割合が55%だから

市外の女性会員は

55%－45.5%＝9.5%

❷女性を引いて男性を求める

求める市外の男性会員は市外在住の35%から市外女性会員の9.5%を引いて、

35%－9.5%＝25.5%

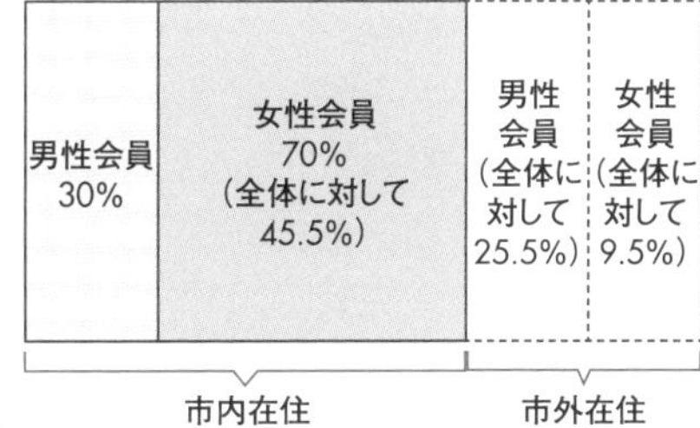

問題4（3）　D 200人

解法のキーワード

市内在住の男性会員数が39人である

市内在住の男性会員数は

市内会員－市内女性会員。その数が 39 人

❶市内男性会員の割合を求める

市内在住の男性会員の割合は市内女性会員が 70%だから、市内会員の 30%

市内在住の男性会員の全体に対する割合は

0.65 × 0.3 ＝ 0.195

（または 65%－ 45.5%）

全体を x とすると

$0.195x = 39$

$x = 39 \div 0.195 =$ 200 人

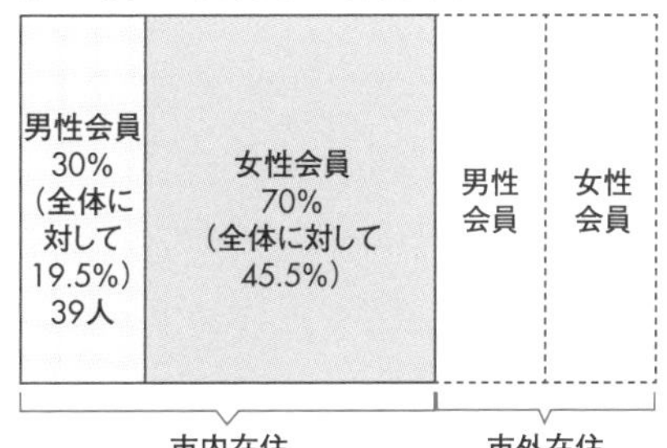

練　習　問　題

問題 5

難易度★★★　制限時間 5 分

ある客船の乗客 500 人を調査したところ、乗客全員に対して日本人が 40%、女性が 62%、そして子どもの人数は 80 人でした。

（1）外国人男性は 102 人（うち子どもは 12 人）で、日本人男性の大人と子どもの比率は3：1でした。日本人男性の大人は何人か。

A 30人　B 35人　C 48人　D 66人
E 88人　F 103人　G 116人　H 123人

（2）日本人女性のうち子どもは 26 人でした。
外国人女性の大人は何人か。

A 40人　B 85人　C 104人　D 125人
E 154人　F 178人　G 192人　H 202人

解　答　&　解　説

問題5（1）　D 66人

解法のキーワード

「日本人が40%、女性が62%、そして子どもの人数は80人」を図にする

❶図にまとめる

多くの数値をまとめると次の図になる。

日本人数

500人×40%＝200人

女性の数

500人×62%＝310人

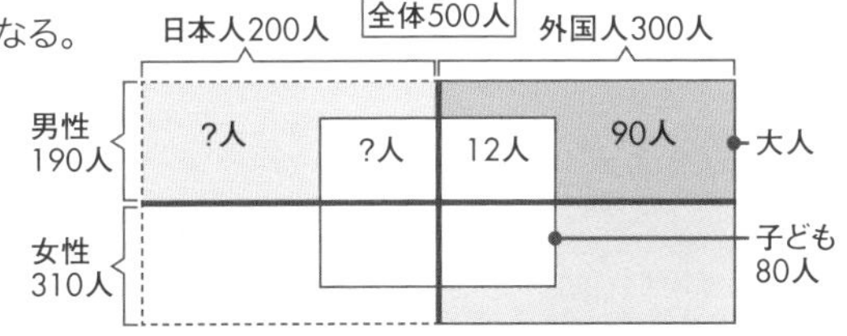

❷日本人男性の人数を求める

日本人男性の人数は外国人男性の人数を引いて

190 －102 ＝ 88人

❸比率から大人と子どもの人数を求める

大人と子どもの比率は3：1だから

日本人男性（子どもを含む）88人×$\frac{3}{4}$ ＝66人（日本人、大人）

88人×$\frac{1}{4}$ ＝22人（日本人、子ども）

大人66人、子ども22人

問題5（2）　F 178人

解法のキーワード

日本人女性のうち子どもは26人であることから計算する

外国人女性の大人＝女性全体（310人）－日本人女性－外国人女性の子ども

日本人女性のうち子どもは26人とわかり、

外国人女性の子どもの数が80－（12+22+26）＝20人と計算できる。

❶日本人女性の人数を求める

日本人女性は、日本人全体の200人から日本人男性の人数88を引く

200－88＝112人

❷外国人女性の大人の人数を求める

外国人女性は、女性全体の310人から日本人女性112人を引いて198人

そこから子どもの人数を引いて外国人女性の大人の人数を計算する。

外国人女性の子どもの人数は80－（12+22+26）＝20人

よって198－20＝178人

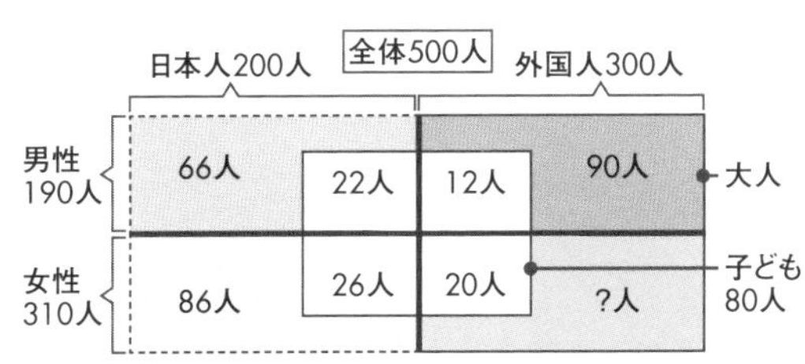

練習問題

問題6

難易度★★★　制限時間５分

ある商品を購入する際、契約時に購入総額の$\frac{1}{10}$を支払った。また納品時には購入総額の$\frac{1}{3}$を払った。手数料、利息は考えないこととする。

（1）残りを34回の均等払いにした場合、残金が購入総額の$\frac{1}{2}$になるのは均等払いの何回目を支払った時点か。

A 2回　B 3回　C 4回　D 8回　E 10回　F 17回

（2）今月末に残りの$\frac{1}{2}$を支払う場合、その後の残額は購入額のいくらに相当するか。

A $\frac{1}{12}$　B $\frac{1}{10}$　C $\frac{7}{30}$　D $\frac{17}{60}$　E $\frac{1}{3}$　F $\frac{43}{60}$

解答＆解説

問題6（1）　C 4回

❶納品時までの支払額を計算する

$\frac{1}{10}+\frac{1}{3}=\frac{3}{30}+\frac{10}{30}=\frac{13}{30}$

残額は$1-\frac{13}{30}=\frac{17}{30}$

それを34回の均等払いにすると、
その1回当たりの支払い額は

$\frac{17}{30}\times\frac{1}{34}=\frac{1}{60}$

残金が購入総額の$\frac{1}{2}$＝支払額が購入総額の$\frac{1}{2}$だから、支払回数をxとして

$\frac{13}{30}+\frac{1}{60}\times x=\frac{1}{2}$

$\frac{1}{60}x=\frac{15}{30}-\frac{13}{30}$

x＝4回

問題6（2）　D $\frac{17}{60}$

❶納品時までの支払額を計算する

$\frac{1}{10}+\frac{1}{3}=\frac{3}{30}+\frac{10}{30}=\frac{13}{30}$

残額は$1-\frac{13}{30}=\frac{17}{30}$

その$\frac{1}{2}$を支払うので

$\frac{17}{30}\times\frac{1}{2}=\frac{17}{60}$

納品時までの支払額$\frac{13}{30}$と合計して

$\frac{13}{30}+\frac{17}{60}=\frac{26}{60}+\frac{17}{60}=\frac{43}{60}$

残額は$1-\frac{43}{60}=\frac{17}{60}$

Chapter 2 言

一番多く実施されている「SPI3-U」では、
言語分野の制限時間は30分で
40 問が出題されます。
「2 語の関係」や「語句の意味」といった
短語句の問題を確実な得点源にしましょう。
長文問題との時間配分を考えて、効率よく
問題を解く練習をしておきましょう。

2語の関係

POINT　与えられた2語の関係を見極める

①2語の関係のパターンを見抜く

（例）に示された2語の関係を見抜き、同じ関係にあるものを選ぶ。

②主な関係のパターンを覚えておく

これまでに出題された関係パターンをチェックしておく。

③2語の関係が左右逆のものに注意する

2語の関係パターンが同じでも、語の左右の並び方が逆のものは正解にならないので注意する。

④正しい選択肢は1つとは限らない

正しい選択肢が1つに限らない出題形式の問題もあるので、ケアレスミスしないように注意する。

⑤新しい関係パターンは慎重に

これまでに出題されていない関係パターンが出題された場合、（例）と各選択肢を慎重に検討して同じものを見つける。

解き方のポイント

（例）に示された2語の関係と同じ関係にあるものを、選択肢の中から選ぶ。過去に出題された主な関係パターンをチェックしておこう。

●包含：○○は◇◇の一種である

（例）辞書:書籍　定規:文房具　鉛筆:筆記用具　扇風機:冷房器具
マグロ:魚類　ネックレス:装飾品

●用途：○○は◇◇に用いる

（例）バス:輸送　ボールペン:筆記　包丁:切断　マッチ:点火
たわし:洗浄　カーテン:遮光

●原料（材料）：○○は◇◇の原料（材料）になる

（例）原油:ガソリン　たまご:マヨネーズ　ぶどう:ワイン　石灰石:セメント
ゼラチン:ゼリー　すり身:かまぼこ

●仕事：○○は◇◇の仕事をする

（例）講師:講義　ピアニスト:演奏　パティシエ:製菓
公認会計士:監査　裁判官:判決　歯科医:治療

●部分：○○は◇◇の一部である

（例）プロペラ:ヘリコプター　レンズ:メガネ　北陸:本州　目次:本
ポケット:ジャケット　玄関:住宅

●同意：○○と◇◇は同じ意味である

（例）方法:手段　永久:永遠　企画:計画　返答:応答　自然:天然
長所:美点

●反意：○○と◇◇は反対の意味である

（例）虚偽:真実　主観:客観　奇数:偶数　安全:危険　故意:過失
急性:慢性

●同列：○○と◇◇は同じ××という種類である

（例）いわし:さんま　いちご:柿　口紅:アイシャドウ　コーヒー:緑茶
ボールペン:万年筆　かぼちゃ:大根

●一組：○○と◇◇はセット（1組）で使う

（例）針:糸　弓:矢　包丁:まな板　写真:フォトフレーム
本:しおり　ネジ:ドライバー

練　習　問　題

（例）に示した2語と同じ関係になっている対を選びなさい。

問題 1　（例）格闘技：柔道
難易度★☆☆
ア バイオリン：演奏会　イ ルビー：宝石　ウ 自然災害：洪水
A アだけ　B イだけ　C ウだけ　D アとイ　E アとウ　F イとウ

問題 2　（例）指導：コーチ
難易度★☆☆
ア 整備：自動車　イ うどん：小麦粉　ウ 設計：建築士
A アだけ　B イだけ　C ウだけ　D アとイ　E アとウ　F イとウ

問題 3　（例）海藻：寒天
難易度★★☆
ア チーズ：牛乳　イ 紙：便箋　ウ トラック：輸送
A アだけ　B イだけ　C ウだけ　D アとイ　E アとウ　F イとウ

問題 4　（例）診察：聴診器
難易度★★☆
ア 計算：電卓　イ 糊：接着剤　ウ 洗浄：石鹸
A アだけ　B イだけ　C ウだけ　D アとイ　E アとウ　F イとウ

問題 5　（例）ギター：弦
難易度★★☆
ア 鉛筆：芯　イ 二輪車：オートバイ　ウ とんぼ：昆虫
A アだけ　B イだけ　C ウだけ　D アとイ　E アとウ　F イとウ

問題 6　（例）欠点：短所
難易度★☆☆
ア 理論：実践　イ 重宝：便利　ウ 理路：整然
A アだけ　B イだけ　C ウだけ　D アとイ　E アとウ　F イとウ

問題 7　（例）喪失：獲得
難易度★★☆
ア 実験：科学　イ 地味：派手　ウ 従属：支配
A アだけ　B イだけ　C ウだけ　D アとイ　E アとウ　F イとウ

問題 8　（例）万年筆：スペアインク
難易度★★☆
ア 文房具：三角定規　イ 帯：着物　ウ カメラ：撮影
A アだけ　B イだけ　C ウだけ　D アとイ　E アとウ　F イとウ

解答＆解説

問題 1　C ウだけ
（例）の右側の「柔道」は左側の「格闘技」の一種で「包含」の関係である。
イの「ルビー」と「宝石」は「包含」の関係であるが、左右の並びが（例）と逆である。
ウの「自然災害」と「洪水」も「包含」の関係で、左右の並びも（例）と同じである。

問題 2　C ウだけ
（例）の右側の「コーチ」は左側の「指導」の仕事をするので「仕事」の関係である。
イの「うどん」と「小麦粉」は「原料」の関係である。
ウの「建築士」は「設計」の仕事をするので「仕事」の関係で、左右の並びも（例）と同じである。

問題 3　B イだけ
（例）の左側の「海藻」は右側の「寒天」の原料であり「原料」の関係である。
アの「チーズ」は「牛乳」からつくられるので「原料」の関係であるが、左右の並びが（例）と逆である。
イの「便箋」は「紙」からつくられるので「原料」の関係であり、左右の並びも（例）と同じである。
ウの「トラック」と「輸送」は「用途」の関係である。

問題 4　E アとウ
（例）の右側の「聴診器」は左側の「診察」に使うので「用途」の関係である。
アの「電卓」と「計算」、ウの「石鹸」と「洗浄」はいずれも「用途」の関係であり、左右の並びも（例）と同じである。
イの「糊」と「接着剤」は「包含」の関係である。

問題 5　A アだけ
（例）の右側の「弦」は左側の「ギター」の一部で「部分」の関係である。
アの右側の「芯」は左側の「鉛筆」の一部であり「部分」の関係で、左右の並びも（例）と同じである。
イとウはいずれも「包含」の関係である。

問題 6　B イだけ
（例）の「欠点」と「短所」は「同意」の関係である。
アの「理論」と「実践」は「反意」の関係である。
イの「重宝」と「便利」は（例）と同じ「同意」の関係である。

問題 7　F イとウ
（例）の「喪失」と「獲得」は「反意」の関係である。
イの「地味」と「派手」、ウの「従属」と「支配」はいずれも（例）と同じ「反意」の関係である。

問題 8　B イだけ
（例）の「万年筆」と「スペアインク」は「セット（一組）」で使うものである。これと同じものはイの「帯」と「着物」である。
アは「包含」の関係。ウは「用途」の関係である。

練　習　問　題

（例）に示した2語と同じ関係になっている対を選びなさい。

問題 9　（例）みそ：大豆

難易度★★☆

ア パスタ：小麦粉　イ 粘土：瓦（かわら）　ウ ワイン：ぶどう

A アだけ　B イだけ　C ウだけ　D アとイ　E アとウ　Fイとウ

問題 10　（例）ホテル：宿泊

難易度★☆☆

ア クーラー：冷房　イ 押入れ：収納　ウ パン：小麦粉

A アだけ　B イだけ　C ウだけ　D アとイ　E アとウ　Fイとウ

問題 11　（例）紙：パルプ

難易度★☆☆

ア クリップ：事務用品　イ にんじん：野菜　ウ セメント：石灰石

A アだけ　B イだけ　C ウだけ　D アとイ　E アとウ　Fイとウ

問題 12　（例）洗濯機：家電製品

難易度★☆☆

ア バナナ：果物　イ 制服：警察官　ウ スーパーマーケット：小売店

A アだけ　B イだけ　C ウだけ　D アとイ　E アとウ　Fイとウ

問題 13　（例）美術：芸術

難易度★☆☆

ア 週刊誌：書店　イ フォークソング：音楽　ウ 心理学：学問

A アだけ　B イだけ　C ウだけ　D アとイ　E アとウ　Fイとウ

問題 14　（例）治療：注射

難易度★☆☆

ア 運動会：学校行事　イ 画家：絵具　ウ 点火：マッチ

A アだけ　B イだけ　C ウだけ　D アとイ　E アとウ　Fイとウ

問題 15　（例）作家：執筆

難易度★☆☆

ア 公務員：市役所　イ 捜査：刑事　ウ 添乗員：案内

A アだけ　B イだけ　C ウだけ　D アとイ　E アとウ　Fイとウ

問題 16　（例）睡眠：枕

難易度★☆☆

ア 電車：バス　イ 計測：ストップウォッチ　ウ 米：餅（もち）

A アだけ　B イだけ　C ウだけ　D アとイ　E アとウ　Fイとウ

解答＆解説

問題 9　E アとウ
（例）の右側の「大豆」は左側の「みそ」の原料で、「原料」の関係である。
アの左側の「パスタ」は右側の「小麦粉」を、ウの左側の「ワイン」も右側の「ぶどう」を原料としていて、「原料」の関係で左右の並びも（例）と同じである。イも「原料」の関係であるが、左右の並びが（例）とは逆である。

問題 10　D アとイ
（例）の左側の「ホテル」は右側の「宿泊」のために用いられ、「用途」の関係である。
アの左側の「クーラー」は右側の「冷房」のために用いるので、「用途」の関係で左右の並びも（例）と同じである。イの「押入れ」と「収納」も「用途」の関係であり、左右の並びも（例）と同じである。ウの「パン」と「小麦粉」は「原料」の関係である。

問題 11　C ウだけ
（例）の右側の「パルプ」は左側の「紙」をつくるための原料であり、「原料」の関係である。
ウの右側の「石灰石」は左側の「セメント」の原料であり、左右の並びも（例）と同じである。アの左側の「クリップ」と右側の「事務用品」、イの左側の「にんじん」と右側の「野菜」は、いずれも「包含」の関係である。

問題 12　E アとウ
（例）の左側の「洗濯機」は右側の「家電製品」の一種なので、「包含」の関係である。
アの左側の「バナナ」と右側の「果物」、ウの左側の「スーパーマーケット」と右側の「小売店」は、ともに「包含」の関係で、左右の並びも（例）と同じである。

問題 13　F イとウ
（例）の左側の「美術」は右側の「芸術」の一種であり、「包含」の関係である。
イの左側の「フォークソング」と右側の「音楽」、ウの左側の「心理学」と右側の「学問」は、いずれも「包含」の関係で、左右の並びも（例）と同じである。

問題 14　C ウだけ
（例）の右側の「注射」は左側の「治療」のために用いられ、「用途」の関係である。
ウの右側の「マッチ」は左側の「点火」のために用いるので「用途」の関係であり、左右の並びも（例）と同じである。アの「運動会」と「学校行事」は「包含」の関係である。

問題 15　C ウだけ
（例）の左側の「作家」は右側の「執筆」を仕事とするので、「仕事」の関係である。
ウの左側の「添乗員」は右側の「案内」を仕事とするので「仕事」の関係で左右の並びも（例）と同じである。イの「捜査」と「刑事」も「仕事」の関係であるが、左右の並びが（例）とは逆である。

問題 16　B イだけ
（例）の右側の「枕」は左側の「睡眠」のために用いられ、「用途」の関係である。
イの右側の「ストップウォッチ」は左側の「計測」のために用いるので、「用途」の関係で左右の並びも（例）と同じである。
アの「電車」と「バス」は、どちらも同じ「乗り物」で「同列」の関係である。ウの「米」と「餅（もち）」は「原料」の関係である。

練　習　問　題

（例）に示した2語と同じ関係になっている語を選びなさい。

問題 17　難易度★☆☆

（例）問題集：書籍
ボールペン：［　　］

A サイン　B 筆記　C 鉛筆　D 文房具　E 手紙

問題 18　難易度★☆☆

（例）花火：火薬
せんべい：［　　］

A お茶　B クッキー　C 米　D 菓子　E 土産

問題 19　難易度★☆☆

（例）シャンプー：洗髪
巻尺：［　　］

A デジタル　B 手動　C 精密機器　D 計測　E 運動

問題 20　難易度★★☆

（例）平易：難解
乾燥：［　　］

A 温暖　B 湿地　C 砂漠　D 潤沢　E 湿潤

問題 21　難易度★★☆

（例）従順：素直
横柄：［　　］

A 独自　B 高慢　C 縦横　D 個性　E 野心

問題 22　難易度★☆☆

（例）俳優：演技
理容師：［　　］

A はさみ　B 美容師　C 接客　D 調髪　E ファッション

問題 23　難易度★☆☆

（例）日本酒：米
手ぬぐい：［　　］

A はちまき　B 麻　C 祭礼　D はっぴ　E 木綿（もめん）

問題 24　難易度★★☆

（例）納得：合点
容易：［　　］

A 幼稚　B 簡単　C 難易　D 容量　E 平気

解答＆解説

問題 17　D 文房具
(例) の「問題集」は「書籍」の一種で「包含」の関係である。「ボールペン」は「文房具」の一種であり、正解はDである。

問題 18　C 米
(例) の「火薬」は「花火」の原料であり、「原料」の関係である。「せんべい」の原料は「米」であり、正解はCである。

問題 19　D 計測
(例) の「シャンプー」は「洗髪」に用いるので「用途」の関係である。「巻尺」は長さの「計測」に使われるので、正解はDである。

問題 20　E 湿潤
(例) の「平易」と「難解」は「反意」の関係である。「乾燥」の反意語は「湿潤」であり、正解はEである。

問題 21　B 高慢
(例) の「従順」と「素直」は「同意」の関係である。「横柄」の同意語は「高慢」であり、正解は B である。

問題 22　D 調髪
(例) の「俳優」は「演技」することを仕事としているので、「仕事」の関係である。「理容師」の仕事は「調髪」で、正解はDである。

問題 23　E 木綿(もめん)
(例) の「米」は「日本酒」の原料であり、「原料」の関係である。「手ぬぐい」の原料は「木綿 (もめん)」であり、正解はEである。

問題 24　B 簡単
(例) の「納得」と「合点」は「同意」の関係である。「容易」の同意語は「簡単」であり、正解はBである。

練　習　問　題

（例）に示した2語と同じ関係になっている語を選びなさい。

問題 25　難易度★☆☆

（例）炭素：元素

カスタネット：［　　　］

A オーケストラ　B 音楽　C リズム　D 拍子　E 楽器

問題 26　難易度★☆☆

（例）炊事：鍋

診察：［　　　］

A 聴診器　B 病院　C 医師　D 問診　E 病名

問題 27　難易度★★★

（例）合格：及第

達成：［　　　］

A 目標　B 成就　C 結果　D 到達　E 実行

問題 28　難易度★☆☆

（例）パソコン：ディスプレー

カメラ：［　　　］

A レンズ　B 撮影　C 趣味　D 芸術　E 思い出

問題 29　難易度★★☆

（例）興奮：冷静

攻撃：［　　　］

A 撃退　B 防御　C 保守　D 護衛　E 攻守

問題 30　難易度★☆☆

（例）りんご：みかん

カーネーション：［　　　］

A 花　B 母　C バラ　D 愛　E 平和

問題 31　難易度★★☆

（例）生産：消費

進歩：［　　　］

A 加速　B 未来　C 原始　D 後退　E 撤退

問題 32　難易度★☆☆

（例）ピーマン：野菜

教師：［　　　］

A 学習　B 職業　C 指導　D 免許　E 学校

解答＆解説

問題 25　E 楽器
(例) の「炭素」は「元素」の一種で「包含」の関係である。「カスタネット」は「楽器」の一種で、正解はEである。

問題 26　A 聴診器
(例) の「鍋」は「炊事」に用いるので「用途」の関係である。「診察」に用いるのは「聴診器」で、正解はAである。

問題 27　B 成就
(例) の「合格」と「及第」は「同意」の関係である。「達成」の同意語は「成就（じょうじゅ)」で、正解は B である。

問題 28　A レンズ
(例) の「ディスプレー」は「パソコン」の一部で「部分」の関係である。「レンズ」は「カメラ」の一部であり、正解はAである。

問題 29　B 防御
(例) の「興奮」と「冷静」は「反意」の関係である。「攻撃」の反意語は「防御（ぼうぎょ)」で、正解はBである。

問題 30　C バラ
(例) の「りんご」と「みかん」は同じ「果物」の種類で「同列」の関係である。「カーネーション」と同列の関係にあるのは「バラ」で、正解はCである。

問題 31　D 後退
(例) の「生産」と「消費」は反対の意味を持つ「反意」の関係である。「進歩」の反意語は「後退」で、正解はDである。

問題 32　B 職業
(例) の「ピーマン」は「野菜」の一種で「包含」の関係である。「教師」は「職業」の一種で、正解はBである。

Chapter❷
言　語

語句の意味

POINT　文と語句を結びつける問題

①選択肢はわかるものから検討

**②消去法を使おう!
明らかに違うものを除く**

③同じ漢字を用いた熟語に惑わされない

④語句を使った例文を考える

⑤語句を構成する漢字の意味を考える

**⑥日ごろ多くの文章に接し、文章の中で
言葉の意味をとらえる感覚を身につける**

解き方のポイント

問題形式は、ある文が提示され、その文と意味が最も合致する語句を選択肢から選ぶ。

例題 1

これまでの考えややり方をそのまま受け継ぐこと

A 相続　B 継続　C 受領　D 慣例　E 踏襲

構成する漢字の意味と例文を考える。
Eの「踏襲」の「踏」はふむ、ふまえるという意味、「襲」はおそう、つぐ、うけつぐという意味。（例）前例を踏襲する。従来の方針を踏襲する。
相続：死んだ人の財産・権利などを親族などが受け継ぐこと（例）遺産を相続する
継続：以前からのことを続けること（例）継続は力なり
受領：金品などを受け取ること（例）寄付金を受領する
慣例：習慣のようになっているやり方（例）慣例にしたがう

答え E

練習問題

次の太字の文と意味が最もよく合致する語句を選びなさい。

問題 1　**程度が高くて上品なこと**

難易度★★☆

A 上質　B 高尚　C 上品　D 高潔　E 上等

問題 2　**いいかげんで誤りが多いこと**

難易度★☆☆

A 杜撰　B 粗野　C 錯誤　D 雑多　E 乱雑

問題 3　**述べ方が長く無駄のあること**

難易度★★☆

A 冗舌　B 散漫　C 緩慢　D 余談　E 冗長

問題 4　**よく調べて受け取ること**

難易度★☆☆

A 精査　B 査定　C 収受　D 査収　E 受領

解答＆解説

問題 1　B 高尚（こうしょう）

上質：質が上等なこと
上品：洗練されていて気品があること
高潔：気高くてけがれのない様子
上等：程度や内容が優れていること

問題 2　A 杜撰（ずさん）

粗野：あらあらしくて洗練されていないこと
錯誤：間違い。誤り
雑多：いろいろなものがあれこれたくさんあること
乱雑：ばらばらに入り乱れて整理されていないこと

問題 3　E 冗長（じょうちょう）

冗舌：よくしゃべること
散漫：気持ちや考えが集中せずとりとめがないようす
緩慢：動きなどがゆっくりとしているようす
余談：本筋から離れた他のはなし

問題 4　D 査収（さしゅう）

精査：くわしく調査や検査をすること
査定：いろいろ調べて金額や等級を決めること
収受：受け取り収めること
受領：金品などを受け取ること

練　習　問　題

次の太字の文と意味が最もよく合致する語句を選びなさい。

問題 5　他人の考えを受け入れる心の広さ

難易度★★☆

A 度量　B 器量　C 大器　D 受容　E 柔軟

問題 6　万物を支配する法則

難易度★★★

A 真理　B 原理　C 法理　D 摂理　E 道理

問題 7　目上の人に詳しく申し述べること

難易度★★☆

A 叙述　B 具申　C 直言　D 弁論　E 上奏

問題 8　責任を引き受けさせて任せること

難易度★★★

A 委託　B 請負　C 負託　D 委譲　E 信託

問題 9　ある時代の人々の一般的な考え方、思想

難易度★★★

A 思潮　B 世論　C 風評　D 総意　E 風潮

問題 10　意味が深く味わいがあること

難易度★★☆

A 妙味　B 深遠　C 含蓄　D 美味　E 満悦

問題 11　つつがない

難易度★★☆

A うさんくさい　B 完璧な　C あっさりした
D 申し分ない　E 普段と変わりない

問題 12　どうしたらいいかさっぱりわからなくなること

難易度★★☆

A 孤軍奮闘　B 朝令暮改　C 暗中模索
D 七転八倒　E 五里霧中

問題 13　間違いないとうけあって責任を持つこと

難易度★★☆

A 確証　B 補償　C 確約　D 引責　E 保証

解答＆解説

問題 5　A 度量

器量：ものごとをやり遂げる能力・才能
大器：優れた才能を持った人物
受容：別の考え方や気持ちを受け入れ取り込むこと
柔軟：やわらかくしなやかで適応性に富むこと

問題 6　D 摂理

真理：本当のこと、間違いのない道理
原理：物事を成り立たせる根本的な法則
法理：法律の原理
道理：物事の正しい筋道

問題 7　B 具申

叙述：ものごとを順を追って述べること
直言：思っている通りに遠慮せずに言うこと
弁論：大勢の人の前で意見を述べること
上奏：天皇や国王に意見を申し述べること

問題 8　C 負託

委託：仕事を人に頼んで代わりにやってもらうこと
請負：頼まれた仕事を引き受けること
委譲：権限などを下級の役所や下の職務の人に譲ること
信託：相手を信用して任せること

問題 9　A 思潮

世論：世間一般の意見
風評：世の中の評判やうわさ
総意：すべての人の考え
風潮：世の中の一般的な傾向

問題 10　C 含蓄

妙味：優れた味、おもむき、うまみ
深遠：計り知れないほど奥深い様子
美味：味がよいこと
満悦：満足して喜ぶこと

問題 11　E 普段と変わりない

事故や病気もなく無事に。普段と変わりなく。「道中つつがなく到着した」などと使う。

問題 12　E 五里霧中

五里霧中は、五里四方の霧の中で方角がわからなくなってしまうことから、見通しがつかないで、どうしていいかわからなくなることのたとえである。

孤軍奮闘：助けもなく、たったひとりで頑張ること
朝令暮改：命令がしばしば変わってあてにならないこと
暗中模索：手掛かりのないまま、あれこれ試みること
七転八倒：苦痛で、あちらこちらへ転がって、苦しみもだえること

問題 13　E 保証

確証：確かな証拠
補償：損害などを補い、つぐなうこと
確約：はっきりと約束すること
引責：自分の責任を引き受けること

Chapter❷

言　語

語句の用法

POINT 多義語・文法（助詞・助動詞）を理解する

一つの語に、複数の使い方がある言葉に関する出題。本来の意味から、別の用法が派生したものが多く見られる。別の言葉で言い換えを考える。

解き方のポイント

例えば「頭」という1字は、人間の頭、人数、ものごとの始めを表すなど、多数の用法があり、多くの意味に使われる。1字の持つ意味が同じものを選ぶ。

例）頭

・子どもの頭をなでる（肉体の一部としての頭）

・年を取って頭に白いものが増えた（頭髪）

・もっと頭数が必要だ（人数）

・来月の頭から着手する（初め）

・頭が古い（考え）

助詞や助動詞といった文法に関する問題も出題される。練習問題などで、よく出題される助詞・助動詞についてチェックしておく。

練　習　問　題

例文の下線部分と最も近い意味に使われているものを選びなさい。

問題 1　難易度★★☆

（例）猫の手も借りたい

A 手の込んだ細工
B 女手一つで子どもを育てる
C 洋服に手を通す
D ごみを手で拾う
E 竹を朝顔の手にする

問題 2　難易度★☆☆

（例）先頭を切る

A 植木の枝を切る
B 口火を切る
C 期限を切る
D 舵を切る
E 見得を切る

問題 3　難易度★☆☆

（例）自分のことばかり考えている

A 1時間ばかり休もう
B 躍り上がらんばかりに喜ぶ
C 泣いているばかりではわからない
D いま起きたばかりです
E 千円ばかり貸してくれ

問題 4　難易度★☆☆

（例）音楽でも聴こう

A 子供でもできる
B 映画でも観に行こうか
C なんでもやるよ
D 弟でもできた
E どこへでも行く

Chapter 2　言語　語句の用法

解　答　&　解　説

問題 1　B 女手一つで子どもを育てる
（例）の「手」は「力」や「人手」を表す
A：「技」や「細工」を表す
C：「体の一部」を表す
D：「体の一部」を表す
E：「添え木」を表す

問題 2　B 口火を切る
（例）の「切る」は「最初にする」「新しく始める」を表す
A：「切断する」を表す
C：「区切りをつける」を表す
D：「方向を変える」を表す
E：「誇示するような態度を取る」を表す

問題 3　C 泣いているばかりではわからない
（例）の「ばかり」は「限定」を表す
A：「大まかな時間」を表す
B：「今にもしそうな状態」を表す
D：「動作から間もないようす」を表す
E：「大まかな量」を表す

問題 4　B 映画でも観に行こうか
（例）の「でも」は「例として挙げる」を表す
A：「極端なものを挙げてほかを類推させる」を表す
C：「すべてをひっくるめて」を表す
D：「極端なものを挙げてほかを類推させる」を表す
E：「すべてをひっくるめて」を表す

練　習　問　題

例文の下線部分と最も近い意味に使われているものを選びなさい。

問題 5　難易度★★☆

（例）彼の書いた小説

A あなたのスニーカー
B 応援の欲しい時期
C 甘いのが好きだ
D 味の薄い料理
E クラスメートの鈴木君

問題 6　難易度★★★

（例）クラス全員で行う

A メールで伝える
B 軽装で過ごす
C カフェで会う
D 事故で集合に遅れる
E 1時間で完成する

問題 7　難易度★★☆

（例）目が高い

A 煙が目に染みる
B 専門家の目で見る
C 目をそらす
D 見た目が大事だ
E ひどい目にあわされる

問題 8　難易度★☆☆

（例）会社から出発する

A 朝から始める
B ポップスから演歌まで歌える
C 疲れたから早く寝る
D ワインはぶどうから作る
E 車から降りる

問題 9　難易度★★☆

（例）植木に水をやる

A テーブルにメモを置く
B 生徒会長になる
C フランスに行く
D 借金に苦しむ
E 友人に花を贈る

問題 10　難易度★☆☆

（例）買い物でボーナスの半分が飛ぶ

A ページが飛ぶ
B アルコールが飛ぶ
C 鳩が飛ぶ
D デマが飛ぶ
E 現場に飛ぶ

問題 11　難易度★★☆

（例）気が変わる

A 周りに気を取られる
B 気を失う
C 合否の結果を気にする
D 気をまぎらす
E 気が短い

問題 12　難易度★★☆

（例）幼い頃がしのばれる

A 生まれ故郷が思い出される
B 親に叱られる
C 犬に手をかまれる
D 恩師が出席される
E いつでも好きなときに行かれる

解答＆解説

問題 5　D 味の薄い料理
(例)の「の」は「主語」を表す。
A:「所有」を表す
B:「対象」を表す
C:「準体助詞」で、「〜もの」という意味である
E:「同格」を表す

問題 6　B 軽装で過ごす
(例)の「で」は「状態」表す。
A:「手段・方法」を表す
C:「場所」を表す
D:「原因・理由」を表す
E:「かかる時間」を表す

問題 7　B 専門家の目で見る
(例)の「目」は「判断力・見識」を表す。
A:「眼球」を表す
C:「視線」を表す
D:「姿・様子」を表す
E:「経験」を表す

問題 8　E 車から降りる
(例)の「から」は「動作の起点となる場所」を表す。
A:「時間の起点」を表す
B:「範囲」を表す
C:「原因」を表す
D:「原料」を表す

問題 9　E 友人に花を贈る
(例)の「に」は「動作の対象」を表す。
A:「場所」を表す
B:「動作の結果」を表す
C:「動作の帰着点」を表す
D:「原因・理由」を表す

問題 10　B アルコールが飛ぶ
(例)の「飛ぶ」は「消えてなくなること」を表す。
A:「途中が抜けること」を表す
C:「空中を移動すること」を表す
D:「世間に広まること」を表す
E:「大急ぎで行くこと」を表す

問題 11　D 気をまぎらす
(例)の「気」は「気持ち・気分」を表す。
A:「関心」を表す
B:「意識」を表す
C:「心配すること」を表す
E:「気質・性質」を表す

問題 12　A 生まれ故郷が思い出される
(例)の「れる」は「自発」を表す。
B:「受身」を表す
C:「受身」を表す
D:「尊敬」を表す
E:「可能」を表す

練　習　問　題

例文の下線部分と最も近い意味に使われているものを選びなさい。

問題 13 難易度★☆☆

（例）明日は晴れそうだ

A 彼が優勝したそうだ
B 今にも泣き出しそうだ
C イベントは中止するそうだ
D 明日は曇るそうだ
E 誰も聞いていないそうだ

問題 14 難易度★★☆

（例）道を究める

A 日が暮れて道に迷う
B 道を横切る
C 解決の道を探す
D 道筋をつける
E その道の達人

問題 15 難易度★☆☆

（例）腕前が上がる

A 印刷物が上がる
B 評判が上がる
C 自動車のバッテリーが上がる
D 大勢の人前で上がる
E 千円で上がる

問題 16 難易度★☆☆

（例）朝のうちに仕事を済ませる

A うちの社員には評判だ
B 若いうちに鍛えておく
C 改札口のうちで待つ
D うちの人
E 決意をうちに秘める

問題 17 難易度★★☆

（例）興味を引く

A 綱を引く
B 辞書を引く
C あとを引く
D 値を引く
E 人目を引く

問題 18 難易度★★☆

（例）驚きの色を浮かべる

A 抜けるように色が白い
B 色とりどりの草花
C 不安が色に出る
D 秋の色が深まる
E 色をなす

問題 19 難易度★★☆

（例）地理に暗い

A 暗い夜道
B 暗い世相
C 見通しが暗い
D その事情には暗い
E 暗い緑色

問題 20 難易度★☆☆

（例）途中で勝負を投げる

A 土俵の外まで投げる
B 新しい議題を投げる
C 相手を地面に投げる
D 視線を投げる
E 医者が匙を投げる

問題 13　B 今にも泣き出しそうだ
（例）の「そうだ」は「態様」を表す。
A：「伝聞」を表す
C：「伝聞」を表す
D：「伝聞」を表す
E：「伝聞」を表す

問題 14　E その道の達人
（例）の「道」は「専門分野」を表す。
A：「経路」を表す
B：「道路」を表す
C：「方法・手段」を表す
D：「考えを進める過程、順序」を表す

問題 15　B 評判が上がる
（例）の「上がる」は「技術や人気、成績などが高くなる」を表す。
A：「出来上がる、完成する」を表す
C：「尽きる、終わる」を表す
D：「緊張して頭が働かなくなる」を表す
E：「金額、費用で済む」を表す

問題 16　B 若いうちに鍛えておく
（例）の「うち」は「時間の範囲」を表す。
A：「自分の団体、会社」を表す
C：「内側」を表す
D：「自分の家、家庭」を表す
E：「内部」を表す

問題 17　E 人目を引く
（例）の「引く」は「関心を向けさせる」を表す。
A：「つかんで自分の方へ引き寄せる」を表す
B：「調べる、探し当てる」を表す
C：「余波が続く」を表す
D：「減らす、安くする」を表す

問題 18　C 不安が色に出る
（例）の「色」は「気持ちの変化が表れた表情」を表す。
A：「視覚的に感じる色彩」を表す
B：「視覚的に感じる色彩」を表す
D：「気配」を表す
E：「顔色を変えて怒る」を表す

問題 19　D その事情には暗い
（例）の「暗い」は「不案内、知らない」を表す。
A：「光が差さない」を表す
B：「希望や明るさがない」を表す
C：「希望や明るさがない」を表す
E：「くすんでいる」を表す

問題 20　E 医者が匙を投げる
（例）の「投げる」は「あきらめて、放り出す」を表す。
A：「ほうる」を表す
B：「人前などに持ち出す」を表す
C：「ほうる」を表す
D：「ある方向に向かわせる」を表す

長文読解

POINT　本文を論理的に読解する

①本文を読む前に問題に目を通す

②空欄補充の問題は、前後の文脈から考える

③指示語が示す内容は、その直前にあることが多い

④内容合致の問題は本文にあるものだけが正解

解き方のポイント

長文問題は、1語ずつ丁寧に読み進め、全体の趣旨を把握することはもちろん、そこに述べられている事柄を見逃さないようにし、正確にとらえることが大切である。

思い込みや主観的で表面的な読み方で解くのではなく、問題で問われている箇所が、本文中のどの部分と対応するのか、素早く見抜く。

正解に該当する選択肢が複数ある問題もあるので、十分に注意する。解答時間が短いので、短時間で解答する能力も必要になる。

練　習　問　題

問題 1

難易度★★☆　制限時間２分

次の文を読んで、後の問いに答えなさい。

文部科学省が、全国の夜間中学の実態を初めてまとめた。公立中学が「２部授業」のかたちで設ける夜間中学があるのは、昨年５月で８都府県のみで、その25区市の31校で計1849人が学ぶ。近年は就労のための来日などで外国籍の生徒が増え、８割を占める。日本語学習が大きな課題だ。

一方で公立の不足を補うのが民間のボランティアらだ。学びの場を求める人たちのために開く「自主夜間中学」が各地にあり、公立夜間中学の生徒の４倍に上る7422人が学ぶ。

敗戦後の混乱期、貧困や家族離散などで就学機会を失った人らに学習の場を、と夜間中学は始まった。だが、国は夜間中学を変則的存在とみなしがちで、60年代には当時の行政管理庁が廃止勧告もしたが、需要は途絶えない。文科省はこれらの実態を踏まえ、全国に１県１校を目安に、財政支援も含め設置促進を図りたいという。

崩しておきたい壁もある。修了者に卒業資格を与える公立夜間中学は、中学未修了で学齢を過ぎていることが入学要件だ。このため、形式的に卒業しているがほとんど学んでおらず、学び直しをしたいというような人は受け入れない。今後、設置拡充に当たっては、もっと弾力的に、学び直しを求める人たちに門を広げたい。カウンセリングなど、これまでに蓄積されたノウハウや教訓も分かち合い、教員の育成研修をすることも必要だろう。

（2015年5月11日　毎日新聞社説　夜間中学　多様な教育機会を開け）

本文の内容に合致するものを選択肢から選びなさい。

A 外国人は、日本語学習を目的として夜間中学に入学する。

B 全国的に公立の夜間中学が不足しているため、民間ボランティアがそれを補っている。

C 国は、夜間中学を正式に認めておらず、現在は廃止の方向を検討している。

D 学び直しをしたい人の需要に応えるため、文科省は設置促進を図ろうとしている。

E 夜間中学の設置拡充にあたっては、人材不足を解消するための教員育成が不可欠である。

解　答　&　解　説

問題 1　B

Aは、本文には外国人の学習目的までは書かれていないため、誤りである。Bは、「公立の不足を補うのが民間のボランティアらだ」と書いてあるため、適切である。Cは、国が夜間中学に廃止勧告をしていたのは60年代のことであり、誤りである。Dは、文科省は設置促進を図ろうとしているが、学び直しをしたい人の需要に応えるためだけではないので、誤りである。Eは、教員の人材が不足しているとは書かれていないため、誤りである。

練　習　問　題

問題 2

難易度★★☆　制限時間 2 分

次の文を読んで、後の問いに答えなさい。

コンビニの学生アルバイトが、店から販売のノルマを課されることがあるという。来店客ではなく、自分の知り合いを頼って注文を取らなければならない。できなければ罰として自腹を切り、バイト代が消えていく。どうしたらいいのか。

こんな相談が労働組合「ブラックバイトユニオン」（東京）にたびたび寄せられる。昨年秋以降、アルバイトに関する相談が増え、最近は月に 100 件以上ある。居酒屋やファストフード店の場合、「シフト」と呼ばれる勤務形態の相談が多い。事前の約束とは違い、深夜に及ぶ長時間労働を強いられたり、授業のある日でも急に仕事を入れられたりする。断ろうとすると店長から「自己中心的だ」「ほかの人に迷惑をかける」と責められ、あきらめる。学業がおろそかになり、単位を落とし、留年するケースさえあるという。

若い正社員の店長も少人数のアルバイトで業務をこなし、人件費を抑えて利益を上げなければならない。できなければ自分が無理をしてシフトの穴埋めをすることになる。正規、アルバイトを問わず（　　　　　　）。

弁護士や NPO 法人でつくる「ブラック企業対策プロジェクト」が 27 大学の学生約 4700 人にアンケート調査をしたところ、「職場で不当な扱いを受けた」と答えた学生が 7 割近くに上った。さらに、こうした学生の半数は何もせずに泣き寝入りしていたという。

厚生労働省は労働条件の事前確認などを促す冊子を全国の大学に配布した。業界への指導も求めたい。

（2015 年 6 月 14 日　毎日新聞社説　「ブラックバイト　苦しむ学生放置できぬ」）

文中の（　　　）に入れるのにもっとも適切な語を選択肢から選びなさい。

A 人材不足が深刻化している

B 今よりも高給の仕事を探している

C 自分の仕事に生きがいを感じている

D 若者の労働現場がむしばまれている

E 無断欠勤をする人が増えている

解　答　&　解　説

問題 2　D

本文全体を把握した後、空欄前後の段落の内容から考える。A は、空欄直前に「少人数のアルバイトで業務をこなし、人件費を抑えて利益を上げなければならない」＝「人出が足りないのではなく人を増やせないという現状」についての記述があるので、不適切である。B は、本文中に給料の不満についての記述がないので、不適切である。C は、本文全体の内容と矛盾しているので、不適切である。D は、本文全体の内容と合致しているので、適切である。E は、空欄直前に、若い店長は「自分が無理をしてシフトの穴埋めをする」とあるので、不適切である。

練　習　問　題

問題 3

難易度★★★　制限時間 2 分

次の文を読んで、後の問いに答えなさい。

　地球が丸いことは、地球は平面だとする日常感覚にとっては不安なものだ。その不安は、ちょうど生にとって死が不安であることに似ている。死は生をつつみ、生は死の中からあらわれて、また死の中にかえるものである。生は死という球体の曲面に引かれた切線のようなもので、その切点においてのみ瞬間に輝くのだ。人間の日常感覚にとって地球が平面であるのも、死に対する生の関係に似て、地球の球面を微分したところにあらわれる切点としての平面である。日常感覚における地球の平面性は、地球の球面の一部として、球面自体のうちに含まれているのである。平面が実は球面の一部であるという不安は、生がじつは死の一部だという不安と同じように、折り合いをつけることは難しいが、そこに人間が住む球体があり、そこに人間を結びつける安定と和解の重力がはたらいていることは、それを忘れて暮らしている日常感覚にとって、ほんとうは不安ではなく、（　　）にほかならないのである。

文中の（　　）に入れるのにもっとも適切な語を、選択肢から選びなさい。

A 快適　　B 恐れ　　C 原理　　D 現実　　E 慰め

Chapter 2 言語 長文読解

解　答　&　解　説

問題 3　E 慰め

直前に「ほんとうは不安ではなく」とあるので、（　　）には「不安」を否定する語が入らなければならない。さらに、それより以前に「それを忘れて暮らしている日常感覚にとって」とある。日常感覚では、ある事柄を忘れているのである。そして、忘れている事柄が、空欄に表現される言葉を引き起こすことになる。（　　）を含む文の冒頭に述べられる「平面が実は球面の一部である」が忘れていることである。「死」と「生」の関係を比喩としつつ、実際には地球は球体だが、人々が普段暮らしているときには、人間と地球を結びつける重力が働いていることもあって、そのことを忘れているとされる。しかしその事実を「忘れている」ことによって、人は生きることができるので、忘れるという行為はＥの「慰め」になる。

練　習　問　題

問題 4

難易度★★☆　制限時間４分

次の文を読んで、後の問いに答えなさい。

私は何をおいても彫刻家である。彫刻は私の血の中にある。私の彫刻がたとい善くても悪くても、私の宿命的な彫刻家である事には変りがない。

ところでその彫刻家が詩を書く。それにどういう意味があるか。以前よく、先輩は私に詩を書くのは止せといった。そういう余技にとられる時間と精力とがあるなら、それだけ彫刻にいそしんで、早く彫刻の第一流になれという風に忠告してくれた。それにも拘らず、私は詩を書く事を止めずに居る。

なぜかといえば、私は自分の彫刻を護るために詩を書いているのだからである。自分の彫刻を純粋であらしめるため、彫刻に他の分子の夾雑して来るのを防ぐため、彫刻を文学から独立せしめるために、詩を書くのである。私には多分に彫刻の範囲を逸した表現上の欲望が内在していて、これを如何ともしがたい。その欲望を殺すわけにはゆかない性来をもっていて、そのために学生時代から随分悩まされた。もし私が此の胸中のいんうんを言葉によって吐き出す事をしなかったら、私の彫刻が此の表現をひきうけねばならない。勢い、私の彫刻は多分に文学的になり、何かを物語らなければならなくなる。これは彫刻を病ましめる事である。私は既に学生時代にそういう彫刻をいろいろ作った。

たとえば、サーカスの子供の悲劇を主題として群像を作った事がある。これは早朝に浅草の花屋敷へ虎の写生に通っていた頃、或るサーカス団の猛訓練を目撃して、その子供達に対する正義の念から構図を作ったのである。泣いている少女とそれをかばっている少年との群像であった。こういう風に私はどうしても彫刻で何かを語らずには居られなかったのである。この愚劣な彫刻の病気に気づいた私は、その頃ついに短歌を書く事によって自分の彫刻を護ろうと思うに至った。その延長が今日の私の詩である。それ故、私の短歌も詩も、叙景や、客観描写のものは甚だ少く、多くは直接法の主観的言志の形をとっている。客観描写の欲望は彫刻の製作によって満たされているのである。こういうわけで私の詩は自分では自分にとっての一つの安全弁であると思っている。これが無ければ私の胸中のいんうんは爆発に到るに違いないのであり、従って、自分の彫刻がどのように毒されるか分らないからである。（　　）などというものではない。

（高村光太郎「自分と詩との関係」）（注）いんうん…鬱積した気分。

文中の（　　）に適する語を選択肢から選びなさい。

A 本分　**B** 文学　**C** 芸術　**D** 余技　**E** 趣味

解　答　&　解　説

問題 4　D 余技

筆者が詩を書くことについて、筆者の先輩は、本業の彫刻に専念するためには、余技としか思えないので止めるように忠告している。本文は、それに対する筆者の反論として、なぜ詩を書かねばならないのかという思いを述べたものである。そして、詩を書いて、そこに胸中のいんうんを表現することで、彫刻の愚劣さを免れているのであり、詩を書くことは、決して余技などという生易しいものではないと結論づけている。

練　習　問　題

問題 5

難易度★★★　制限時間 3 分

次の文を読んで、後の問いに答えなさい。

複数の役者が登場する一般の芝居の中で、役者が客席に向かってせりふを述べたりする場合に比べて、一人芝居の観客への語りかけは、はるかに凝縮した濃度を保つものである。前者は、せりふが部分的で挿入的なものであるのに対して、後者は主要なトーンになるためだろうか。他の登場人物はいないので、観客の目は常にただ一人の役者に集中する。個々の客は、常に一対一で役者と向き合う。その役者が話しかけてくるのであれば、舞台の一部がせりふを投げかけるというより、全舞台がこちらに言葉を浴びせてくるように感じても不思議ではない。比喩的にせよ実際的にせよ、一人芝居では舞台と客席との距離は他の場合に比べて著しく近づいている。そこには私的な、パーソナルな空気が漂う。たとえばその違いは、落語や講談と漫才の比較にも通じるものがある。一人で語られる前者の言葉は書き言葉に近く、いわば客の内面にイメージをかきたてるのに対して、後者は話し言葉であり、耳から入って直接の笑いに結びつく。落語や講談は語りを聞くが、漫才は対話を楽しむ。そして客は語りには身を乗り出し、対話にはのけぞって哄笑することになる。

文中の下線部「その違い」とは何の違いか。選択肢から選びなさい。

A 役者と観客の関係
B 舞台と観客との距離
C 一人芝居と他の芝居
D 観客に対する語りかけの濃度
E 舞台から客席に語りかけるせりふ

解　答　&　解　説

問題 5　B 舞台と観客との距離

「その」は一般的に直前に述べられた内容を指す。ここでは、下線部の直前において、「違い」に該当するものを探す。そこで、「比喩的にせよ実際的にせよ、一人芝居では舞台と客席との距離は他の場合に比べて著しく近づいている」とあることに着目する。「舞台と客席との距離」は、一人芝居では著しく近づいており、それ以外の芝居では一人芝居ほどは近づいていないといえる。これが「違い」である。ここでの「距離」は、本文にも述べられているように、物理的な数値で測定できる距離のことと、役者と観客との精神のつながりといった、心理的なものの両者を合わせて用いられているといえる。

練　習　問　題

問題 6

難易度★★★　制限時間３分

次の文を読んで、後の問いに答えなさい。

歴史は二重の創造であるということ、初め作られたものが更に作られるところに歴史があるということは、歴史の本来の主体が個人でなくて社会であるということを意味している。個人もまた社会から歴史的に作られたものである。歴史は社会が自己形成的に形を変化してゆく過程である。人間は社会から作られたものであって、しかも独立なものとして作られ、かくてみずから作ってゆくのであるが、人間のこの作用は社会の自己形成的創造の一分子として創造することにほかならぬ。従って人間においては自己の作るものが同時に自己にとって作られるものの意味を有している。そこに歴史というものがある。自己の作るものが自己にとって作られるものであることは特に伝統というものにおいて明瞭である。それだから伝統を我々にとってただ単に与えられたもののように考えるという誤解も起り得る。伝統は我々の作るものであり、それが同時に我々にとって作られるものの意味を有しているのである。いわゆる伝統主義者は人間の独立的活動を否定することによって伝統と単なる遺物とを区別することさえ忘れている。人間の（A）性を否定することは（B）の創造性を否定することである。社会の創造性は社会から作られる人間が独立なものとしてみずから作るところに認められなければならぬ。

（三木清「哲学ノート」）

文中の空欄A、Bに入れる語の組み合わせとして適切なものを、選択肢から選びなさい。

A　A　独立　　B　社会
B　A　創造　　B　伝統
C　A　独立　　B　伝統
D　A　創造　　B　歴史
E　A　内在　　B　歴史

解　答　&　解　説

問題 6　A　A　独立　　B　社会

文脈を正確に把握することが要求される。（A）は、直前に「人間の独立的活動を否定することによって伝統と単なる遺物とを区別することさえ忘れている」とあり、この内容を再度繰り返したものである。（B）は、直後に「社会の創造性は社会から作られる人間が独立なものとしてみずから作る」とあり、社会の創造性を話題にしていることをとらえる。

練　習　問　題

問題 7

難易度★☆☆　制限時間 2 分

次の文を読んで、後の問いに答えなさい。

私たち人類は地球という一つの惑星の上に暮らしています。どのような国の人々にとっても日常生活や経済活動はこの地球上の自然環境の中で営まれており、経済・社会の活動はその基盤となる環境を持続可能に利用できることが前提になっていることを忘れてはいけません。そのような意味で、私たち人類が目指すべき社会は、温室効果ガスの発生を極力抑制した低炭素社会であり、地球上の生物多様性が保全された自然共生社会、また健全な物質循環の確保された循環型社会でなければなりません。またその実現のためには、私たち一人ひとりが地球環境の現状を認識し、さまざまな場面で環境問題について（　　　）に考え、行動を起こしていくことが必要であり、そのための環境教育を引き続き推進していく必要があります。我が国はそれぞれの分野について、主導的な役割を担っていく必要があります。

（平成 26 年度版 『環境・循環型社会・生物多様性白書』 より）

本文中の（　　）に入る最も適切な語を選択肢から選びなさい。

A 主観的　B 悲観的　C 実用的　D 主体的　E 理想的

解　答 & 解　説

問題 7　D 主体的

空欄の前後の文脈に注目する。「その実現のためには、私たち一人ひとりが……現状を認識し、（　　　）に考え、行動を起こしていくことが必要」とあることから、自分の意思や判断に基づいて行動するという意味の「主体的」が最も適当である。

主観的：十分な根拠・理由がなく自分だけの考えに基づくようす

悲観的：物事を暗く悪い方へ考え希望を失うようす

実用的：実際に使って役立つようす

理想的：こうありたいと思う最高の状態に合致しているようす

練　習　問　題

問題 8

難易度★★☆　制限時間 2 分

次の文を読んで、後の問いに答えなさい。

75 歳以上のドライバーについて認知症の検査を厳しくし、場合によっては免許を取り消す改正道路交通法が成立した。認知症が原因とみられる事故が絶えないためで、やむを得ない措置だろう。

警察庁によると、免許を持つ 10 万人当たりの死亡事故件数（2013 年）は 75 歳以上が 75 歳未満の約 2.5 倍。現行制度では、75 歳以上で免許更新する際、記憶力や判断力を調べる検査が義務づけられ、認知機能の低下が進んだ「認知症のおそれ」と判定されたのは、13 年に約 3 万 5000 人に上った。しかし、過去 1 年間に逆走や信号無視などの違反行為がなければ、免許を更新できる。違反をしたため医師の診断を受けた人は 524 人にとどまり、免許の停止・取り消しはわずか 118 人。改正法では免許更新時の検査で「認知症のおそれ」とされれば、違反行為がなくても医師の診断が義務づけられ、認知症が確定すると免許が取り消される。

過疎化が進む山間部などでは路線バスが減っている地域が多い。免許を失えば、買い物や通院が不自由になる高齢者はいっそう増える。自治体が旗振り役になって民間業者を巻き込み、地域の実情に合わせた交通体系を作ることが必要だ。国には自治体の取り組みを支援する柔軟な制度設計や規制緩和が求められる。

（2015 年 6 月 16 日　毎日新聞社説 「高齢者免許制度　返納後の支援が必要だ」）

文中の下線部「場合によっては免許を取り消す改正道路交通法が成立した」とあるが、改正後の道路交通法の内容として適切なものを、選択肢から選びなさい。

A 75歳以上で免許更新する際、記憶力や判断力を調べる検査が新たに義務づけられた。

B 過疎化が進む山間部などでは、認知症が確定されても、特例として免許は取り消されない。

C 過去1年間に逆走や信号無視などの違反行為がなければ、免許更新時の検査で「認知症のおそれ」と判断されても免許を更新できる。

D 地方自治体は、地域の実情に合わせた交通体系を作ることが可能となった。

E 過去1年間に違反行為がなくても、免許更新時の検査で「認知症のおそれ」とされれば、医師の診断が義務づけられ、認知症が確定すると免許が取り消される。

解　答　&　解　説

問題 8　E

改正後の道路交通法について書かれている箇所を読み取る。本文の「改正法では」に続く文章に合致している選択肢はＥである。Ａの「記憶力や判断力を調べる検査」は、現行制度ですでに義務づけられているので、誤りである。Ｂは、「認知症が確定されても、特例として免許は取り消されない」とあるが、特例の有無については本文のどこにも書かれていないので、誤りである。Ｃは、現行制度に関する記述なので、誤りである。Ｄについては、本文中で「地域の実情に合わせた交通体系を作ることが必要だ」という筆者の考えは述べられているが、改正道路交通法が成立したことで「地域の実情に合わせた交通体系を作ることが可能となった」とは書かれていないので、誤りである。

編　集　有限会社ヴュー企画（野秋真紀子）
カバーデザイン　掛川竜
本文デザインDTP　尾山叔子

でるとこだけのSPI

問題作成　日本キャリアサポートセンター
編　者　マイナビ出版編集部
発行者　角竹輝紀
発行所　株式会社マイナビ出版
〒101-0003
東京都千代田区一ツ橋2-6-3 一ツ橋ビル 2F
電話　0480-38-6872（注文専用ダイヤル）
03-3556-2731（販売）
03-3556-2735（編集）
URL　https://book.mynavi.jp

印刷・製本　大日本印刷株式会社

※定価はカバーに表示してあります。
※落丁本、乱丁本についてのお問い合わせは、TEL0480-38-6872（注文専用ダイヤル）、
電子メール sas@mynavi.jpまでお願いします。
※本書について質問等がございましたら、往復はがきまたは返信切手、返信用封筒を同封のうえ、
㈱マイナビ出版編集第2部までお送りください。
お電話でのご質問は受け付けておりません。